El discípulo radical

John Stott

Ediciones Certeza Unida
Barcelona, Buenos Aires, La Paz, Lima
2012

Stott, John
    El discípulo radical. - 1a ed. - Buenos Aires: Certeza Unida, 2012.
    128 p. ; 21x14 cm.

    ISBN 978-950-683-168-4

    1. Vida Cristiana. 2. Discipulado. I. Título.
    CDD 248.5

Título en inglés: *The Radical Disciple: Wholehearted Christian living*
Inter–Varsity Pres U.K. 1ª ed. 2010
© J. R. W. Stott 2010

Las citas bíblicas corresponden a la traducción Nueva Versión Internacional.

Traducción y edición: Adriana Powell
Diseño: Pablo Ortelli
Diagramación: Ayelen Horwitz
Corrección de estilo: Adriana Riccomagno

Ediciones Certeza Unida es la casa editorial de la Comunidad Internacional de Estudiantes Evangélicos (CIEE) en los países de habla hispana. La CIEE es un movimiento compuesto por grupos estudiantiles que buscan cumplir y capacitar a otros para la misión en la universidad y el mundo. Más información en:

Certeza Argentina, Bernardo de Irigoyen 654, (C1072AAN) Ciudad Autónoma de Buenos Aires, Argentina. certeza@certezaargentina.com.ar

Editorial Lámpara, Calle Almirante Grau Nº 464, San Pedro, Casilla 8924, La Paz, Bolivia. coorlamp@entelnet.bo

Publicaciones Andamio, Alts Forns 68, Sótano 1, 08038, Barcelona, España. editorial@publicacionesandamio.com

Ediciones Puma, Av. Arnaldo Márquez 855, Jesús María, Lima, Perú. Teléfono / Fax 4232772. puma@cenip.org; puma@infonegocio.net.pe

Impreso en Argentina. *Printed in Argentina.*

Contenido

Agradecimientos

Debido a que comencé a escribir y completé este libro en el acogedor ambiente de St. Barnabas College, mi primera gratitud es para el personal, para el director y su esposa, Howard y Lynne Such, así como para sus residentes y pacientes, y empleados responsables de la enfermería, el cuidado, la administración, el servicio de comida y limpieza, ya que juntos han creado una fértil comunidad cristiana de adoración y comunión, lo cual brinda un agradable contexto para reflexionar y escribir. Cuando en algunas ocasiones estuve concentrado con estas actividades, quizás haya parecido una criatura poco sociable, pero estas personas me han comprendido y perdonado.

Otra comunidad con la que estoy en deuda es la iglesia de St John, en Felbridge; el párroco Stephen Bowen, su esposa Mandy, y los encargados Anne Butler y Malcolm Francis. Cuando no me he sentido con las fuerzas suficientes algún domingo, ellos han dispuesto lo necesario para llevarme a la iglesia y traerme de regreso. Sabían que estaba preparando este libro, y me alentaron a lo largo del proceso.

Aprecio enormemente la destreza editorial de David Stone, y de su auxiliar Eleanor Trotter; otras personas que han contribuido al texto son John Wyatt y Sheila Moore, quienes han enriquecido el capítulo 7 con sus experiencias personales. Peter Harris y Chris Wright me ayudaron con el capítulo 4, y Grace Lam me proporcionó información esencial sobre el ministerio de su difunto esposo (capítulo 5).

Para mí ha sido un aliento permanente recibir la visita quincenal de mis sobrinas Caroline y Sarah, y de mi amigo Phillip Herbert casi con la misma frecuencia. Otros han colaborado conmigo entre bambalinas, por ejemplo John Smith quien navegó pacientemente la red en mi beneficio.

Por último, pero no menos importante, Frances Whitehead, quien se las ha ingeniado para continuar sus visitas semanales y de esa manera mantener al día el constante volumen de correos electrónicos que ella atiende con destreza extraordinaria, además de ocuparse de este manuscrito.

John Stott
Pascua 2009

Prefacio

¿Discípulos o cristianos?

ERMÍTAME EXPLICAR Y JUSTIFICAR EL TÍTULO de este libro, *El discípulo radical*. En primer lugar, ¿por qué 'discípulo'? Muchas personas se sorprenden al descubrir que los seguidores de Jesucristo son designados como 'cristianos' solamente tres veces en el Nuevo Testamento. La mención más importante aparece en el comentario que hace Lucas, de que fue en Antioquía de Siria donde los discípulos de Jesús fueron por primera vez llamados 'cristianos' (Hechos 11.26). La ciudad de Antioquía era conocida como una comunidad internacional. En consecuencia su iglesia también era una comunidad de carácter internacional; resultaba apropiado que sus miembros fueran llamados 'cristianos', a fin de indicar que sus diferencias étnicas quedaban superadas por su lealtad a Cristo.

Las otras dos menciones de la palabra 'cristiano' ofrecen evidencia de que comenzaba a convertirse en un término corriente. Cuando Pablo fue a juicio ante el rey Agripa, y lo desafió en forma directa, Agripa exclamó: 'Un poco más y me convences a hacerme cristiano' (Hechos 26.28).

El apóstol Pedro, cuya primera carta fue escrita en el contexto de una persecución cada vez mayor, consideró necesario hacer una diferencia entre aquellos que sufrían 'como criminales' y quienes sufrían 'por ser cristianos' (1 Pedro 4.16), es decir, porque pertenecían a Cristo. Las dos palabras (cristianos y discípulos) implican una relación con Jesús, aunque tal vez el término 'discípulo' es el más fuerte de los dos porque implica inevitablemente una relación entre alumno y maestro. Durante los tres años de ministerio público de Jesús, los Doce fueron discípulos antes de ser apóstoles, y como discípulos estaban bajo la instrucción de su Maestro y Señor.

En cierta forma, uno desearía que la palabra 'discípulo' hubiera continuado en uso a lo largo de los siglos, a fin de que los cristianos fueran conscientes de su condición de discípulos de Jesús y tomaran con seriedad la responsabilidad de estar 'bajo disciplina'.

En este libro me ocupo de una inquietud, y es que aquellos que proclamamos ser discípulos del Señor Jesús pudiéramos provocar otra vez de su parte aquella advertencia: "¿Por qué me llaman ustedes 'Señor, Señor', y no hacen lo que les digo?" (Lucas 6.46). El discipulado genuino es el discipulado que compromete todo el ser, y en ese contexto cobra sentido lo próximo que diré.

El discipulado genuino es aquel que compromete todo el ser.

En segundo lugar, ¿por qué 'radical'? Ya que uso este adjetivo para describir nuestro discipulado, es importante indicar en qué sentido lo estoy usando. La palabra radical deriva del latín *radix*, raíz. Originalmente parece haberse aplicado como una etiqueta política a ciertas personas, debido a sus perspectivas liberales y reformistas extremas (por ejemplo, el político del siglo XIX William Cobbett). A partir de este uso llegó a aplicarse en forma general a cualquier persona cuyas opiniones fueran a las raíces y cuyo compromiso fuera profundo.

Ahora estamos en condiciones de reunir el sustantivo y el adjetivo y hacer nuestra tercera pregunta: ¿por qué 'discípulo radical'? La respuesta es obvia. Hay diferentes niveles de compromiso en la comunidad cristiana. Jesús mismo lo explicó al describir lo que sucede con las semillas de las que habla la Parábola del Sembrador.[1] Las diferencias entre las semillas dependían del tipo de suelo donde caían. De la semilla sembrada en suelo pedregoso, Jesús dijo que no tenían raíz.

La manera en que comúnmente evitamos el discipulado radical es siendo selectivos; es decir, eligiendo aquellas áreas en las que el compromiso nos va bien, y eludiendo aquellas otras que podrían resultarnos costosas. Pero, debido a que Jesús es Señor, no tenemos derecho a seleccionar en qué áreas someternos a su autoridad.

> Digno eres Jesús de alcanzar en los cielos
> poder y riquezas y gloria y honor,
> y las bendiciones que darte podemos
> se eleven por siempre a tu trono, Señor.[2]

Mi propósito en este libro, entonces, es analizar ocho características del discipulado que con frecuencia se descuidan, pero que deberían ser tomadas con seriedad.

Notas

[1] Mateo 13.3-23; Marcos 4.3-20; Lucas 8.4-15.

[2] 'Venid, nuestras voces unamos', Isaac Watts (1674–1748). Traducción José M. de Mora.

1

No al conformismo

L A PRIMERA CARACTERÍSTICA DEL DISCÍPULO radical que quiero presentarle es la de 'no conformidad'. Quisiera explicar por qué. La Iglesia tiene una doble responsabilidad en cuanto al mundo que nos rodea. Por un lado debemos vivir, servir y testificar en el mundo. Por otro lado, debemos evitar que el mundo nos contamine. En consecuencia, no se trata de preservar nuestra santidad escapándonos del mundo y tampoco de sacrificar nuestra santidad conformándonos al mundo.

Tanto el escapismo como el conformismo nos están prohibidos. Este es uno de los temas principales en toda la Biblia: Dios está reuniendo a un pueblo para sí, y nos está convocando a ser diferentes del resto de la gente. 'Sean santos,' ordena repetidamente a los suyos, 'porque yo soy santo' (por ejemplo, Levítico 11.45; 1 Pedro 1.15–16).

Este tema fundacional aparece en las cuatro secciones principales de las Escrituras: en la ley, en los profetas, en la enseñanza de Jesús, y en la enseñanza de los apóstoles. Permítame dar un ejemplo de cada uno. En primer lugar, la ley. Dios le dijo al pueblo por medio de Moisés:

> No imitarán ustedes las costumbres de Egipto, donde
> antes habitaban, ni tampoco las de Canaán, adonde
> los llevo. No se conducirán según sus estatutos, sino
> que pondrán en práctica mis preceptos y observarán
> atentamente mis leyes. Yo soy el SEÑOR su Dios.
>
> Levítico 18.3–4

De manera similar, el juicio que Dios pronunció contra su pueblo por medio del profeta Ezequiel fue: 'No han seguido mis decretos ni han cumplido con mis leyes, sino que han adoptado las costumbres de las naciones que los rodean' (Ezequiel 11.12).

Lo mismo ocurre en el Nuevo Testamento. En el Sermón del Monte, Jesús se refirió a los hipócritas y a los paganos, y agregó: 'No sean como ellos' (Mateo 6.8). Y finalmente, el apóstol Pablo escribió en una de sus cartas: 'No se amolden al mundo actual, sino sean transformados mediante la renovación de su mente' (Romanos 12.2).

Este es, entonces, el llamado de Dios al discipulado radical, a una firme actitud de no conformidad a la cultura que nos rodea. Es un llamado a desarrollar una contracultura cristiana, un llamado al compromiso sin concesiones.

¿Cuáles son las tendencias contemporáneas que amenazan con absorbernos, y a las cuales debemos resistir? Consideraremos cuatro. En primer lugar, el desafío del *pluralismo*. El pluralismo sostiene que todos los 'ismos' tienen su propia validez y el mismo derecho de recibir nuestro respeto. En consecuencia, rechaza la declaración que hace el cristianismo de su condición única y definitiva, y condena como pura arrogancia la pretensión de convertir a una persona (y a todas) a un sistema al que considera simplemente como nuestra opinión.

¿Cómo deberíamos responder al espíritu del pluralismo? Con gran humildad, espero, y sin atisbo alguno de superioridad personal. Pero debemos seguir declarando el carácter único y definitivo de Jesucristo. Él es único en su encarnación (el único y solo Dios–hombre); único en su expiación (sólo él murió por los pecados del mundo); y único en su resurrección (sólo él venció la muerte). Y debido a que en ninguna otra persona sino solamente en Jesús de Nazaret Dios se hizo hombre (en su nacimiento), cargó con nuestros pecados (en su muerte), y finalmente triunfó sobre la muerte (en su resurrección), Jesús es el único competente para salvar a los pecadores. Ninguna otra persona posee esas calificaciones. Podemos hablar sobre Alejandro el Grande, Carlos el Grande y Napoleón el Grande, pero no podemos referirnos a Jesús el Grande. Él no es Grande, él es Único. No hay nadie como él. No tiene rival ni sucesor.

Una segunda tendencia ampliamente difundida que los discípulos cristianos debemos resistir es la del *materialismo*. El materialismo no es simplemente la aceptación de la realidad del mundo material. Si se tratara de eso, todos los cristianos seríamos materialistas, ya que creemos que Dios creó el mundo material y puso sus bendiciones a nuestra disposición. Dios también confirmó el orden material

No se trata de preservar nuestra santidad escapándonos del mundo y tampoco de sacrificar nuestra santidad conformándonos al mundo.

mediante la encarnación y la resurrección de su Hijo, en el agua del bautismo, y en el pan y el vino de la Comunión. No es una sorpresa que William Temple describiera al cristianismo como la más material de todas las religiones. Pero no es materialista.

El materialismo es una obsesión hacia las cosas materiales, y esto podría sofocar nuestra vida espiritual. Jesús enseñó que no acumuláramos tesoros en la Tierra, y nos advirtió contra la codicia. Lo mismo hizo el apóstol Pablo, alentándonos a desarrollar un estilo de vida caracterizado por la sencillez, la generosidad, y el contentamiento, y se refirió a su propia experiencia de haber aprendido a estar satisfecho en cualquier circunstancia (Filipenses 4.11).

Pablo agregó que 'con la verdadera religión se obtienen grandes ganancias' (1 Timoteo 6.6), y luego explicó 'nada trajimos a este mundo, y nada podemos llevarnos'. Quizás estaba intencionalmente haciéndose eco de lo que había dicho Job: 'Desnudo salí del vientre de mi madre, y desnudo he de partir' (Job 1.21). En otras palabras, la vida en la Tierra es un peregrinaje breve entre dos momentos de desnudez. Sería sabio viajar livianos. Nada nos llevaremos. (Diré más sobre el materialismo en el capítulo 5).

La tercera tendencia contemporánea que nos amenaza y ante la cual no debemos rendirnos es el engañoso espíritu del *relativismo ético*.

Por todos lados las pautas morales están debilitándose. Sin duda está ocurriendo en Occidente. La gente está confundida, y no sabe si queda algún valor absoluto en pie. El relativismo ha penetrado en la cultura y está filtrándose en la Iglesia.

El ámbito en el cual el relativismo resulta más obvio es el de la ética sexual, y el de la revolución sexual que ha venido ocurriendo desde 1960 en adelante. Solía aceptarse universalmente (por lo menos en cualquier lugar donde la ética judeocristiana se tomara en serio) que el matrimonio es una unión monógama, heterosexual, de amor, para toda la vida, y el único contexto dado por Dios para la intimidad sexual. Pero ahora, aun en algunas iglesias, se practica ampliamente la convivencia sin el matrimonio, y se deja de lado el compromiso esencial del matrimonio auténtico; además, se acepta y promueve la pareja con personas del mismo género como una alternativa legítima al matrimonio heterosexual.

Jesucristo llama a sus discípulos a resistir estas tendencias, y en cambio obedecer y conformarse a las pautas por él establecidas. A veces se argumenta que Jesús no habló sobre estas cosas. Pero sí lo hizo. Citó Génesis 1.27 ('Dios creó al ser humano a su imagen ... Hombre y mujer los creó') y Génesis 2.24 ('El hombre deja a su padre y a su madre, y se une a su mujer, y los dos se funden en un solo ser'), y dio de esa manera una definición bíblica de matrimonio. Después de citar aquellos pasajes, Jesús les dio su respaldo personal al decir: 'lo que Dios ha unido, que no lo separe el hombre' (Mateo 19.4–6).

Este punto de vista fue juzgado de manera crítica por el reconocido filósofo social y moralista norteamericano Abraham Edel (1908—2007), cuyo primer libro importante se tituló *Ethical Judgement* (Juicio ético), bajo el subtítulo de 'El uso de la ciencia en la ética.'[1]

'En última instancia la moralidad es arbitraria,' escribió, y luego agregó unos versos populares:

Todo depende de dónde estás,
todo depende de cuándo estás,
todo depende de cómo te sientes,
todo depende de cómo te criaron,
todo depende de qué se aprueba,
lo que hoy está bien, mañana está mal,
alegría en Francia, tristeza en Gran Bretaña.
Todo depende del punto de vista,
Australia o Tombuctú,
en Roma haz como los romanos.
Si los gustos coinciden,
habrá moralidad.
Pero cuando las tendencias están en conflicto,
todo depende, todo depende...

Un discípulo cristiano radical no puede estar de acuerdo con esto. Sin duda no debemos ser rígidos en nuestra manera de tomar las decisiones éticas, sino buscar con actitud sensible la manera de aplicar los principios bíblicos a cada situación. Pero el señorío de Jesucristo es primordial para la conducta cristiana. 'Jesucristo es Señor' es el fundamento de nuestra vida.

La pregunta esencial que enfrenta la Iglesia es: ¿Quién ejerce el señorío? ¿Es la Iglesia quien ejerce señorío sobre Jesucristo, dándose la libertad de editar, de manipular, y de aceptar lo que le gusta y de rechazar lo que no le agrada? ¿O es Jesucristo nuestro Maestro y Señor, de modo que creemos y obedecemos lo que él nos enseña?

Jesucristo todavía nos pregunta: "¿Por qué me llaman ustedes 'Señor, Señor', y no hacen lo que les digo?" (Lucas 6.46). Confesar a Jesucristo como Señor pero no obedecerle es construir nuestra vida sobre la arena. '¿Quién es el que me ama? El que hace suyos mis mandamientos y los obedece' (Juan 14.21).

He aquí dos culturas y dos sistemas de valores, dos parámetros y dos estilos de vida. De un lado está el modo del mundo que nos rodea; del otro, está la voluntad de Dios agradable y perfecta que él nos reveló.

El discípulo radical tiene pocas dificultades para elegir sus opciones.

Llegamos ahora a la cuarta tendencia contemporánea, el desafío del *narcicismo*.

En la mitología griega, Narciso era un apuesto joven que percibió su reflejo en una laguna, se enamoró de su propia imagen, y finalmente cayó al agua y se ahogó. El 'narcicismo' es el amor excesivo hacia uno mismo, una admiración ilimitada por el propio ser.

En la década de 1970 el narcicismo encontró su máxima expresión en el Movimiento del Potencial Humano, que puso énfasis en la necesidad de la realización personal. En las décadas del '80 y del '90, el Movimiento de la Nueva Era se trepó al carro del Movimiento del Potencial Humano. Puede considerarse a Shirley McLaine como su sacerdotisa principal, envanecida de sí misma. Según su concepto, las buenas noticias son las siguientes:

> Sé que existo; por lo tanto soy.
> Sé que existe la fuerza divina; por lo tanto existe.
> Debido a que soy parte de esa fuerza,
> soy lo que soy.

Esto parece una parodia deliberada de la revelación que Dios le dio de sí mismo a Moisés: 'Yo soy el que soy' (Éxodo 3.14).

El Movimiento de la Nueva Era nos convoca a mirar en nuestro interior, a explorar en nosotros mismos por la solución de nuestros problemas. No necesitamos un salvador que venga de otro lugar; podemos salvarnos a nosotros mismos.

Lamentablemente, parte de esta enseñanza ha penetrado en la Iglesia, y algunos cristianos enseñan que no basta con que amemos a Dios y al prójimo sino que debemos amarnos a nosotros mismos. Este es un error, por tres razones. Primero, Jesús se refirió al 'primer y gran mandamiento', y al 'segundo', pero no mencionó a un tercero.

¡Sacrificarse uno mismo en servicio a uno mismo sería un total absurdo!

En segundo lugar, el amor a uno mismo es una de las señales de los últimos tiempos (2 Timoteo 3.2). Y tercero, el significado del amor *agape* es el sacrificio de uno mismo en servicio a los demás. ¡Sacrificarse uno mismo en servicio a uno mismo sería un total absurdo! ¿Cuál debe ser, entonces, la actitud hacia nosotros mismos? Debe ser una combinación entre la propia aceptación y la propia negación: confirmar en nosotros todo aquello que pertenece a la creación y a la redención, y negar todo aquello que proviene de la caída.

Es un gran alivio abandonar la preocupación enfermiza hacia uno mismo, volvernos hacia los saludables mandatos de Dios (reunidos y confirmados por Jesús), y amar a Dios con todo nuestro ser y a nuestro prójimo como a nosotros mismos. Dios quiere que su Iglesia sea una comunidad de amor, de adoración, y de servicio.

Todo el mundo sabe que el amor es lo más grande que existe, y los cristianos sabemos por qué: porque Dios es amor.

El cortesano español del siglo XIII Raymond Lull (misionero a los musulmanes en África del Norte) escribió que 'el que no ama, no vive'. Vivir es amar, y sin amor la personalidad humana se desintegra. Por eso todos buscamos vínculos de amor auténtico.

Hemos considerado las cuatro tendencias seculares principales que amenazan con envolver a la comunidad cristiana. Ante ellas, se nos llama a practicar un no conformismo radical, en lugar de una mentalidad débil y conformista. Contra el desafío del pluralismo debemos ser la comunidad que declara la verdad, y defender el carácter único de Jesucristo. Contra el desafío del materialismo, debemos ser una comunidad peregrina que vive con sencillez. Contra el desafío del relativismo, debemos ser una comunidad de obediencia. Contra el desafío del narcicismo, debemos ser una comunidad de amor.

Vivir es amar, y sin amor la personalidad humana se desintegra.

No debemos ser como juncos sacudidos por el viento, inclinados a los arrebatos de la opinión pública, sino inconmovibles como las rocas en los arroyos de la montaña. No debemos ser como los peces que flotan con la corriente (porque 'solo los peces muertos nadan con la corriente', como expresó Malcolm Muggeridge), sino que debemos nadar contra la corriente, aun contra la corriente cultural predominante. No debemos ser como camaleones, esos reptiles que cambian de color según su ambiente, sino distinguirnos visiblemente en el entorno.

¿Qué debemos ser, entonces, los cristianos, si no debemos ser como los juncos, ni como los peces muertos, ni como los camaleones? ¿Es la Palabra de Dios solamente negativa, indicándonos que debemos evitar ser conformados a quienes nos rodean en el mundo? No. Su Palabra es positiva. Debemos ser como Cristo, 'transformados según la imagen de su Hijo' (Romanos 8.29). Y eso nos lleva al próximo capítulo.

Notas

[1] Transaction Publishers, 1955, p. 16.

2

Semejantes a Cristo

E^{N ABRIL DE 2007 CELEBRÉ MI CUMPLEAÑOS 86}
y en esa ocasión anuncié mi retiro del ministerio
público. Aunque a partir de ese momento rechacé
las invitaciones para dar conferencias, ya me había
comprometido para una presentación en la Convención de Keswick[1] en julio de ese año. Este capítulo está basado en el texto de esa última conferencia.

Recuerdo vívidamente la pregunta esencial que nos dejaba perplejos a mis amigos y a mí cuando éramos cristianos principiantes: ¿Qué propósito tiene Dios para los suyos? Sin duda nos habíamos convertido, pero ¿y ahora qué?

Por cierto conocíamos la famosa declaración del Catecismo Abreviado de Westminster, de que 'el fin principal del hombre es glorificar a Dios y disfrutar de él para siempre'. También contábamos con una declaración todavía más breve, de apenas siete palabras: 'Ama a Dios, ama a tu prójimo'.

Pero ninguna de las dos parecía del todo satisfactoria. Por eso quiero compartir dónde encontró descanso mi mente, a medida que voy llegando al final de mi peregrinaje sobre la Tierra. El punto central es este: Dios quiere que los suyos lleguen a ser como Cristo, porque su voluntad para el pueblo de Dios es la semejanza con Cristo.

En primer lugar, me propongo presentar la base bíblica de este llamado a la semejanza con Cristo; en segundo lugar, daré algunos ejemplos tomados del Nuevo Testamento; y en tercer lugar, mencionaré algunas conclusiones prácticas.

Base bíblica del llamado a la semejanza con Cristo

Este fundamento no se encuentra en un solo versículo, ya que se trata de algo más sustancial que difícilmente podría resumirse de esa manera. Consiste en tres versículos que haremos bien en mantener vinculados: Romanos 8.29, 2 Corintios 3.18, y 1 Juan 3.2.

El primer versículo está en Romanos 8.29: Dios 'predestinó [a su pueblo] a ser transformados según la imagen de su Hijo'. Con la caída, Adán perdió buena parte (aunque no toda) de la imagen divina en la cual había sido creado. Dios ha restaurado esa imagen en Cristo. Ser conformados a la imagen de Dios significa ser como Jesús, y el propósito eterno de la predestinación de Dios es el de hacernos semejantes a Cristo.

El segundo versículo es el de 2 Corintios 3.18: 'Todos nosotros, que con el rostro descubierto reflejamos como en un espejo la gloria del Señor'.

Hay un cambio de perspectiva, del pasado al presente; de la predestinación eterna de Dios a la transformación presente de nuestro ser por medio del Espíritu Santo; del propósito eterno de Dios de hacernos semejantes a Cristo, a su obra en la historia realizada por medio del Espíritu para transformarnos a la imagen de Cristo.

El tercer versículo está en 1 Juan 3.2: 'Queridos hermanos, ahora somos hijos de Dios, pero todavía no se ha manifestado lo que habremos de ser. Sabemos, sin embargo, que cuando Cristo venga seremos semejantes a él, porque lo veremos tal como él es'. Y si Dios está trabajando en dirección a esta meta, no es una sorpresa que nos llame a colaborar con él. 'Síganme,' dice. 'Imítenme'.

Muchos de nosotros hemos escuchado acerca del libro titulado *Imitación de Cristo*, escrito a comienzos del siglo quince por Tomás de Kempis. Se han publicado cientos de miles de ediciones y de traducciones, y es posible que, después de la Biblia, sea el libro más vendido en el mundo. En realidad no es un libro sobre la imitación de Cristo, ya que sus contenidos son más variados. Pero toma su título de las primeras palabras del libro, y la enorme popularidad que ha alcanzado es una indicación sobre la importancia del tema.

Volviendo a 1 Juan 3.2: no sabemos, pero sabemos; no sabemos en detalle lo que seremos, pero sabemos que seremos como Cristo. Y en realidad no necesitamos saber más. Estamos satisfechos con la gloriosa verdad de que estaremos con Cristo y seremos como él es.

Tenemos, entonces, tres perspectivas (pasado, presente y futuro), todas las cuales apuntan en la misma dirección: el propósito *eterno* de Dios (fuimos predestinados...); el propósito *histórico* de Dios (estamos siendo transformados por el Espíritu Santo); y el

Si declaramos ser cristianos, debemos ser como Cristo.

propósito *escatológico* y final de Dios (seremos como él es...). En conjunto estas tres perspectivas apuntan a la misma meta de la semejanza con Cristo, porque la semejanza con Cristo es el propósito de Dios para su pueblo.

Ahora que ya hemos establecido la base bíblica: que el propósito de Dios para su pueblo es la semejanza con Cristo, quiero ilustrar esta verdad con algunos ejemplos del Nuevo Testamento. Pero antes de comenzar, una declaración general de 1 Juan 2.6: 'El que afirma que permanece en él, debe vivir como él vivió'. Si declaramos ser cristianos, debemos ser como Cristo.

Algunos ejemplos del Nuevo Testamento

Debemos ser como Cristo en su encarnación

Algunos quizás retrocedan de inmediato llenos de horror ante semejante idea. Tal vez usted diga: 'La encarnación fue un acontecimiento totalmente único, que no puede ser imitado'.

La respuesta es 'sí y no'. Es 'sí' en el sentido de que el Hijo de Dios tomó sobre sí nuestra humanidad en Jesús de Nazaret, una vez y para siempre y sin posibilidad de repetición, pero es 'no' en el sentido de que somos llamados a seguir el ejemplo de su enorme humildad. Pablo pudo escribir en Filipenses 2.5–8:

> La actitud de ustedes debe ser
> como la de Cristo Jesús,
> quien, siendo por naturaleza Dios,
> no consideró el ser igual a Dios
> como algo a qué aferrarse.
> Por el contrario, se rebajó voluntariamente,
> tomando la naturaleza de siervo
> y haciéndose semejante a los seres humanos.
> Y al manifestarse como hombre,
> se humilló a sí mismo
> y se hizo obediente hasta la muerte,
> ¡y muerte de cruz!

Debemos ser como Cristo en su actitud de servicio

Pasamos ahora de su encarnación a su vida entregada al servicio. Vayamos juntos al aposento alto donde pasó la última noche con sus discípulos. Durante la cena se quitó el manto, se ciñó una toalla en la cintura, llenó un recipiente y lavó los pies de sus discípulos. Cuando terminó, volvió a su lugar y dijo: 'Pues si yo, el Señor y el Maestro, les he lavado los pies, también ustedes deben lavarse los pies los unos a los otros. Les he puesto el ejemplo, para que hagan lo mismo que yo he hecho con ustedes' (Juan 13.14–15).

Algunos cristianos toman el mandato de Jesús en forma literal y en algunas ocasiones practican la ceremonia del lavamiento de pies cuando celebran la Cena del Señor. Quizás tienen razón. Pero la mayoría hace una transposición cultural del mandato. Es decir, así como Jesús realizó lo que en su cultura era el trabajo de un esclavo, nosotros también debemos estar dispuestos a realizar en nuestro contexto cultural cualquier tarea, y a no considerarla servil ni degradante.

Debemos ser como Cristo en su amor

Como escribió Pablo: 'Lleven una vida de amor, así como Cristo nos amó y se entregó por nosotros como ofrenda y sacrificio fragante para Dios' (Efesios 5.2). Llevar 'una vida de amor' es un mandamiento que indica que toda nuestra conducta debería estar caracterizada por el amor, pero 'se entregó por nosotros' es una clara referencia a la cruz. Pablo nos está comprometiendo a ser como Cristo en su muerte; nos alienta a amar con el amor del calvario.

¿Se da cuenta? Pablo nos anima a ser como el Cristo de la encarnación, el Cristo del lavamiento de pies, y el Cristo de la cruz.

Estos sucesos en la vida de Cristo muestran con claridad lo que significa parecernos a Cristo en la práctica. Por ejemplo, en ese mismo capítulo Pablo ordena a los esposos a amar a sus esposas como Cristo amó a la Iglesia y se entregó por ella (Efesios 5.25).

Debemos ser como Cristo en su paciente resistencia

En el próximo ejemplo consideraremos la enseñanza de Pedro, no de Pablo. Cada uno de los capítulos de la primera carta de Pedro contiene una alusión al sufrimiento en nombre de Cristo, ya que el trasfondo de la carta es el comienzo de la persecución.

En particular en el capítulo 2, Pedro exhorta a los esclavos cristianos a soportar cuando los castiguen injustamente, y a no devolver mal por mal (1 Pedro 2.18). Hemos sido llamados a conducirnos de esta manera porque Cristo también sufrió, y nos dejó un ejemplo para que siguiéramos en sus pasos (1 Pedro 2.21).

Este llamado a la semejanza de Cristo cuando sufrimos injustamente puede llegar a ser cada vez más relevante a medida que en la actualidad aumenta la persecución en muchos contextos culturales.

Debemos ser como Cristo en su misión

Después de haber considerado la enseñanza de Pablo y de Pedro, llegamos ahora a las instrucciones de Jesús tal como las registró Juan (Juan 17.18; 20.21).

Al orar, Jesús dijo a su Padre: 'Como tú me enviaste al mundo, yo los envío también al mundo'; y al comisionar a sus discípulos, dijo: 'Como el Padre me envió a mí, así yo los envío a ustedes'. Estas palabras tienen un significado inmenso.

Estas palabras no son solamente una versión de la Gran Comisión registrada por Juan en su Evangelio; también son una indicación de que la misión de los discípulos en el mundo debía semejarse a la de Cristo. ¿En qué sentido? Las palabras clave son 'yo los envío también al mundo'. Es decir, así como

Cristo tuvo que entrar en nuestro mundo, nosotros debemos entrar en los mundos de otras personas.

Esto fue explicado de manera elocuente por el arzobispo Michael Ramsay, cuando dijo:

> Declaramos y recomendamos la fe solo en la medida en que nos ponemos a nosotros mismos en las dudas de los que dudan, en las preguntas de quienes preguntan, y en la soledad de los que han perdido el rumbo.[2]

Esta actitud de entrar en el mundo de las otras personas es exactamente a lo que nos referimos por misión encarnada, y toda misión auténtica es una misión encarnada. Debemos ser como Cristo en su misión.

Estas son, quizás, las cinco principales formas en que debemos ser semejantes a Cristo: debemos ser como él en su encarnación, en su servicio, en su amor, en su resistencia, y en su misión.

Tres aplicaciones prácticas

Concluimos ahora con tres aplicaciones prácticas del fundamento y de los ejemplos sobre la semejanza con Cristo que hemos considerado.

La semejanza con Cristo y el misterio del sufrimiento

No cabe duda de que el sufrimiento es en sí mismo una cuestión enorme, y hay muchos caminos que los cristianos recorren para tratar de comprenderlo. Pero hay uno que se destaca, y es que el sufrimiento es parte del proceso por el que Dios nos vuelve semejantes a Cristo. Ya se trate de una desilusión o de una frustración, tenemos que verlo a la luz de Romanos 8.28 29.

Según Romanos 8.28, Dios siempre está obrando por el buen propósito de quienes les pertenecen, y según Romanos 8.29 este buen propósito es hacernos semejantes a Cristo.

La semejanza con Cristo y el desafío de la evangelización

¿Por qué ocurre con frecuencia que nuestros esfuerzos de evangelización sucumben en el fracaso? Podemos dar varias razones, y no quiero simplificar la respuesta, pero una de las razones principales es que no nos parecemos al Cristo que proclamamos.

John Poulton escribió al respecto en su perceptivo librito *A Today Sort of Evangelism* (Un evangelismo actual):

> La predicación más efectiva es la de aquellos
> que encarnan lo que dicen. Ellos son su mensaje
> ... Los cristianos ... debieran parecerse a aquello
> de lo cual están hablando. La principal fuente
> de comunicación son las personas, no las palabras o
> las ideas ... La autenticidad ... llega desde lo profundo
> del interior de las personas ... Una falta momentánea
> de sinceridad puede arrojar dudas sobre todo lo que se
> haya comunicado ... Lo que en esencia comunica es la
> autenticidad personal.[3]

De manera similar, un profesor hindú dijo una vez, al identificar a uno de sus alumnos como cristiano: 'Si ustedes los cristianos vivieran como Jesucristo, mañana mismo India estaría a sus pies'.

Otro caso es el del reverendo Iskandar Jadeed, un árabe antes musulmán que expresó: 'Si todos los cristianos fueran cristianos hoy ya no quedaría nada del Islam'.

No conozco personalmente a los que dijeron estas palabras, pero las considero genuinas.

La semejanza con Cristo y la llenura del Espíritu

He hablado mucho acerca de la semejanza con Cristo, pero ¿cómo resulta posible? Es evidente que no lo es por nuestras propias fuerzas, pero Dios nos ha dado su Espíritu Santo para ayudarnos a cumplir su propósito.

William Temple solía ilustrar este concepto, recurriendo a Shakespeare:

No sirve de nada que me entreguen una obra como *Hamlet* o *El rey Lear*, y me digan que escriba una obra similar. Shakespeare podía hacerlo; yo no puedo.

Tampoco sirve de nada mostrarme una vida como la que vivió Jesús, y decirme que viva de esa manera; Jesús podía hacerlo; yo no puedo.

Pero si pudiera venir el genio de Shakespeare y viviera en mí, entonces yo podría escribir obras como la de él.

Y si viniera el Espíritu de Jesús a vivir en mí, entonces yo podría vivir como él vivió.

El propósito de Dios es hacernos semejantes a Cristo, y la manera de hacerlo es llenarnos con su Espíritu Santo.

Notas

[1] Si desea más información sobre la Convención de Keswick, el informe histórico más útil y reciente es el de Ian M. Randall y Charles Price: *Transforming Keswick: The Keswick Convention, Past, Present and Future*, Paternoster, 2000.

[2] Michael Ramsay: *Images Old and New*, SPCK, 1963, p. 14.

[3] Lutterworth Press, 1972.

3

Madurez

CUANDO VIAJABA DURANTE LA DÉCADA DE 1990, promoviendo el trabajo de Langham Partnership International, con frecuencia preguntaba a los oyentes cómo resumirían el escenario cristiano en el mundo actual. Recibía una variedad de respuestas. Pero cuando me pedían que diera mi propia respuesta, la sintetizaba en tres palabras: 'crecimiento sin profundidad'.

No cabe duda del crecimiento fenomenal de la Iglesia en muchos lugares del mundo. Las estadísticas sobre el crecimiento de la Iglesia son asombrosas. La expresión 'crecimiento explosivo' para referirnos a ese fenómeno no es exageradamente dramática. Por ejemplo, en China la Iglesia creció por lo menos un 100% desde mediados del siglo XX. En la actualidad hay más creyentes cristianos que adoran a Dios cada domingo en China que en todas las iglesias de Europa occidental en conjunto.

Por otro lado, no debiéramos ceder al triunfalismo, porque a menudo lo que vemos es crecimiento sin profundidad.

En todas partes se ve superficialidad en el discipulado, y los líderes de las iglesias se lamentan de esta situación. Un líder del sur de Asia me escribió recientemente que si bien la Iglesia en su país está creciendo numéricamente, 'encontramos un problema enorme en la falta de piedad y de integridad'. De manera similar, un líder africano escribió que si bien es consciente del rápido crecimiento de la Iglesia en África, 'este crecimiento es en buena medida numérico ... la Iglesia carece de un fundamento teológico bíblico firme'.

Más asombrosa aun es la declaración que hizo en Los Ángeles, en abril de 2006, la señora Cao Shengjie, entonces presidenta del Consejo Cristiano de China:

> Algunos dicen que la Iglesia va bien cuando
> está creciendo en número ... y por cierto queremos que
> cada día se agreguen personas a la Iglesia. Pero no solo
> estamos buscando aumentar en número; queremos que
> ese crecimiento vaya en paralelo con el afianzamiento
> de la fe de la Iglesia.

Estas tres citas provenientes de líderes cristianos en el mundo de los Dos Tercios son suficientes para mostrarnos que esta evaluación de 'crecimiento sin profundidad', o de un crecimiento estadístico sin el correspondiente desarrollo del discipulado, no es un juicio emitido por el mundo externo, sino la percepción de los propios líderes de la Iglesia.

Más aun, la situación es grave porque desagrada a Dios. Nos atrevemos a decirlo porque los apóstoles cuyas cartas disponemos en el Nuevo Testamento reprenden a sus lectores por su inmadurez y los exhortan a madurar. Tomemos, por ejemplo, la crítica de Pablo a la Iglesia en Corinto:

> Yo, hermanos, no pude dirigirme a ustedes como
> a espirituales sino como a inmaduros, apenas niños en
> Cristo. Les di leche porque no podían asimilar alimento
> sólido, ni pueden todavía, pues aún son inmaduros.
> Mientras haya entre ustedes celos y contiendas, ¿no
> serán inmaduros? ¿Acaso no se están comportando
> según criterios meramente humanos?
>
> 1 Corintios 3.1–3

Hay otro pasaje de la pluma de Pablo, en el cual escribe sobre la madurez, y es en estos versículos sobre los que me propongo concentrar en este capítulo:

> A este Cristo proclamamos, aconsejando y enseñando
> con toda sabiduría a todos los seres humanos, para
> presentarlos a todos perfectos (*teleios*) en él. Con este
> fin trabajo y lucho fortalecido por el poder de Cristo
> que obra en mí.   Colosenses 1.28–29

El adjetivo griego *teleios* aparece diecinueve veces en el Nuevo Testamento, y el que se traduzca como 'perfecto' o 'maduro' depende principalmente del contexto. Rara vez, si es que alguna, significa 'perfecto' en un sentido absoluto. Más bien se contrasta a (persona) *teleios* con el niño o el pequeño (por ejemplo, 1 Corintios 14.10). Es en este sentido ('maduro') que creo debe entenderse el significado de *teleios*.

Ahora bien, a fin de captar el significado pleno de cualquier versículo bíblico, por lo general es conveniente colocarlo en el banquillo del testigo y someterlo a prueba. Esto es lo que me propongo hacer con Colosenses 1.28–29.

La primera pregunta, y una esencial, se refiere a la naturaleza de la madurez. ¿Qué es la madurez cristiana? El hecho es que la madurez es un concepto difícil de precisar. La mayoría de nosotros sufre de alguna inmadurez no superada. Aun en la persona adulta en algún sitio permanece un niño oculto.

Además, hay diferentes tipos de madurez. Está la madurez física (tener un cuerpo saludable y bien desarrollado), la madurez intelectual (tener una mente instruida y una cosmovisión coherente), la madurez moral (con lo cual nos referimos a personas que 'tienen la capacidad de distinguir entre lo bueno y lo malo', Hebreos 5.14) y la madurez emocional (tener una personalidad equilibrada, ser capaz de establecer relaciones y de asumir responsabilidades). Pero sobre todo, está la madurez espiritual. ¿Qué es esta madurez? Pues bien, el apóstol la define como madurez 'en Cristo', es decir, tener una relación madura con Cristo.

La manera más corriente con que Pablo define a los cristianos es decir que son hombres y mujeres 'en Cristo', con lo cual no quiere decir dentro de Cristo, como cuando nuestra ropa está en el ropero o las herramientas en un armario, sino como las ramas están 'en' la vid o nuestros miembros 'en' el cuerpo, es decir unidos a Cristo. Estar 'en Cristo', entonces, significa estar relacionados con él de una manera personal, vital, y orgánica. En este sentido, ser maduros es tener una relación madura con Cristo, por lo cual lo adoramos, confiamos en él, lo amamos, y le obedecemos.

La siguiente pregunta que debemos hacer es: ¿cómo alcanzan los cristianos la madurez? El versículo nos da una respuesta directa. Observemos el esqueleto del versículo 28: 'A este Cristo proclamamos … para presentarlos a todos perfectos en él'.

Se trata de lógica. Si la madurez cristiana es la madurez de nuestra relación con Cristo, según la cual lo adoramos, confiamos en él, y le obedecemos, en consecuencia, cuanto más clara nuestra visión de Cristo, tanto más convencidos estaremos de que él merece nuestro compromiso.

En la introducción de su libro *El conocimiento del Dios Santo*[1], el doctor J. I. Packer dice que 'somos cristianos pigmeos porque tenemos un Dios pigmeo'. De la misma manera podríamos decir que somos cristianos pigmeos porque tenemos un Cristo pigmeo. Lo cierto es que hay muchos 'Jesuses' en oferta en los supermercados del mundo religioso, y muchos de ellos son falsos Cristos, Cristos distorsionados, caricaturas del Jesús auténtico.

En nuestra época, por ejemplo, vemos a un Jesús capitalista y a un Jesús socialista compitiendo entre sí. Y está Jesús el ascético frente a Jesús el glotón. Y por supuesto, están las famosas comedias musicales: Jesús el payaso en *Godspell*, y el Jesucristo *Superstar*. Y ha habido muchos más. Pero todos ellos han sido defectuosos, y ninguno de ellos merece nuestra adoración y nuestro servicio. Cada uno de ellos es un ejemplo de lo que Pablo llamó 'otro Jesús', un Jesús diferente del que proclamaban los apóstoles.

De modo que si queremos desarrollar una madurez verdaderamente cristiana, necesitamos por sobre todas las cosas una visión auténtica y fresca de Jesucristo, lo cual abarca su supremacía absoluta, tal como Pablo la expone en la primera mitad de Colosenses 1, entre los versículos 15 a 20. Este es uno de los textos cristológicos más sublimes en el Nuevo Testamento. Presento aquí una paráfrasis libre:

> Jesús es la imagen visible del Dios invisible (versículo 15), de manera que cualquiera que lo haya visto a él ha visto al Padre. También es 'el primogénito de toda creación'. No en el sentido de que él mismo hubiera sido creado, sino que tiene todos los derechos que corresponden al primogénito, por lo cual es 'Señor y cabeza' de toda la creación (versículo 16). Por medio de él fue creado el universo. Por medio de él, como agente, fueron creadas todas las cosas, y para él, quien es cabeza. En él se encuentra la unidad y la coherencia de todo lo creado. Además (versículo 18) es cabeza del cuerpo, que es la Iglesia. Él es el comienzo y el primogénito de la resurrección, para que en todo tenga la preeminencia. Porque a Dios le agradó (versículo 19-20) que toda su plenitud habitara en Cristo, y también que todo fuera reconciliado hacia él por medio de Cristo, haciendo la paz por medio de la sangre de la cruz.

Esta es la manera en la que Pablo proclamó a Cristo como Señor: es Señor de la creación (aquel por medio de quien fueron hechas todas las cosas) y es Señor de la iglesia (aquel por medio de quien todas las cosas han sido reconciliadas). Debido a quién es él (la imagen y la plenitud de Dios) y debido a lo que él ha hecho (al hacer posible la creación y la reconciliación), Jesucristo tiene una doble supremacía. Es cabeza del universo y cabeza de la Iglesia. Es el Señor de ambas creaciones.

Este es el magistral retrato que el apóstol hace de Jesucristo. ¿Cuál otra podría ser nuestra reacción sino postrarnos ante él? ¡Descartemos de una vez nuestros 'Jesuses' pigmeos, enclenques e insignificantes! ¡Renunciemos al Jesús payaso y a la estrella de cine! ¡Fuera también los Mesías políticos y revolucionarios! Todas son caricaturas. Si es así como pensamos de él, es natural que todavía seamos inmaduros.

¿Dónde, entonces, encontraremos al Jesús auténtico? La respuesta es que debemos encontrarlo en la Biblia, el libro que podría ser descripto como el retrato que el Padre hace del Hijo por medio de la pintura del Espíritu Santo. La Biblia está llena de Cristo; como él mismo dijo, las Escrituras 'dan testimonio en mi favor' (Juan 5.39). Gerónimo, uno de los padres de la iglesia primitiva, dijo que 'ignorar las Escrituras es ignorar a Cristo'. De la misma forma, podemos decir que conocer las Escrituras es conocer a Cristo.

¡Si tan solo pudiéramos quitarnos las vendas de los ojos! ¡Si tan solo pudiéramos ver a Jesús en la plenitud de lo que es y lo que ha hecho! Entonces seguramente reconoceríamos cuán merecedor es de nuestra lealtad incondicional, y entonces responderíamos con fe, amor y obediencia, y creceríamos hacia la madurez. Para desarrollar un discipulado cristiano maduro no hay nada más importante que una visión veraz y nítida del Jesús auténtico.

Ahora que hemos definido la madurez cristiana y hemos reflexionado sobre la manera en que los discípulos crecen en madurez, estamos preparados para una tercera pregunta: ¿A quién está dirigido este llamado a la madurez? Seguramente nos hemos dado cuenta de que en este versículo Pablo repite la palabra 'todos': 'A este Cristo proclamamos, aconsejando y enseñando con toda sabiduría a todos los seres humanos, para presentarlos a todos perfectos en él' (Colosenses 1.28). El trasfondo que explica este énfasis probablemente sea lo que seamente sea lo que se conoce como 'la herejía de Colosas'. Los estudiosos todavía debaten sobre el contenido exacto que tuvo, pero es casi seguro de que se trataba de un pensamiento gnóstico embrionario que se desarrolló plenamente hacia la mitad del siglo II.

Para desarrollar un discipulado cristiano maduro no hay nada más importante que una visión veraz y nítida del Jesús auténtico.

Estos primeros gnósticos parecen haber enseñado que había dos clases o categorías de cristianos. Por un lado estaban los *hoi polloi*, el rebaño común, unidos por *pistis*, la fe. Por otro lado estaban los *hoi teleioi*, la elite, quienes habían sido iniciados en la *gnosis*, un conocimiento especial. Pablo se mostró horrorizado por este enfoque de un cristianismo elitista, y se puso firmemente en contra. En su proclamación de Cristo, secuestró la palabra *teleios* de los gnósticos y la aplicó a todos. Sostuvo que él enseñaba y corregía a todos, a fin de poder presentarlos a todos *teleios* (maduros) en Cristo. La madurez en Cristo no está en absoluto reservada a unos pocos elegidos; está disponible para todos. No hay razón para que alguien no la alcance.

Cuando estudiamos un texto bíblico y trabajamos en su interpretación, es interesante preguntarnos si nos identificamos con el autor o con los lectores. A veces, como en este caso, es razonable identificarnos con ambos. Sin duda es correcto sentarnos junto a los cristianos de Colosas mientras reciben este mensaje de parte de Pablo, y permitir que se dirija también a nosotros. De esta manera escuchamos atentamente al apóstol, recibimos su amonestación sobre crecer hacia la madurez, decidimos tomar nuestra Biblia y leerla con mayor seriedad, y al hacerlo buscar en las Escrituras a Cristo, a fin de amarlo, de confiar en él, y de obedecerlo. En cuanto al discipulado, el principio es claro: cuanto más pobre sea nuestra visión de Cristo, tanto más pobre será nuestro discipulado; a la vez, cuanta más rica sea nuestra visión de Cristo, tanto más rico será nuestro discipulado.

Pero también es legítimo ubicarnos del lado del apóstol Pablo cuando se dirige a los cristianos colosenses, y en especial si ocupamos funciones de liderazgo. Es verdad que él era apóstol y nosotros no lo somos. No tenemos la misma autoridad que él. Sin embargo, tenemos responsabilidades pastorales comparables con las que él tenía, ya sea que seamos líderes ordenados o laicos.

Debemos reconocer el propósito pastoral de Pablo. La imagen popular que se tiene de él es la de un evangelista, el misionero pionero y plantador de iglesias, cuya meta era ganar convertidos, establecer una iglesia, y continuar. Pero este es solo un lado de la figura. Aquí se presenta como pastor y maestro. Su profundo anhelo, escribe, es avanzar del evangelismo al discipulado, y presentar a todos maduros en Cristo. Y puesto que esta es la meta a la que dedicó su energía ¡debiéramos hacer lo mismo! 'Con este fin trabajo y lucho fortalecido por el poder de Cristo que obra en mí' (Colosenses 1. 29). Ambos verbos griegos ('trabajar' y 'luchar') expresan metáforas que implican un esfuerzo físico. El primero de ellos se utiliza para describir el trabajo del agricultor, y el segundo el esfuerzo del competidor en los juegos competitivos de Grecia. Ambos evocan la imagen de músculos tensos y abundante sudor.

Es cierto que Pablo sólo podía esforzarse con la energía de Cristo. Pero aun contando con esa energía divina de todos modos debía trabajar y luchar, seguramente en el estudio y en la oración. Esta es la meta más elevada en el ministerio. Es un lema maravilloso para cualquier persona llamada al liderazgo: el anhelo de presentar maduros en Cristo a todos aquellos por quienes, de alguna manera, soy responsable.

Si lo pensamos, vemos que se trata de una doble responsabilidad: la madurez en Cristo es la meta para nosotros mismos y en nuestro servicio a otros.

Que Dios nos dé una visión plena y nítida de Jesucristo, en primer lugar para que podamos crecer nosotros hacia la madurez, y en segundo lugar para que, por medio de nuestra fiel proclamación de Cristo en toda su plenitud, podamos presentar a otros también maduros.

Notas

[1] Editorial Vida, 2006.

4

El cuidado de la creación

L SEÑALAR AQUELLOS ASPECTOS QUE, SEGÚN mi perspectiva, están descuidados en el discipulado, debo advertir que no se limitan al ámbito individual y personal. Debemos interesarnos también por la perspectiva más amplia de nuestros deberes hacia Dios y hacia nuestro prójimo, parte de lo cual cubriremos en este capítulo: el cuidado de la creación.

La Biblia nos dice que en el momento de la creación Dios definió tres relaciones fundamentales de los seres humanos: en primer lugar la relación con Dios, ya que nos hizo a su imagen; en segundo lugar entre nosotros, ya que la raza humana fue plural desde su comienzo; y en tercer lugar, nuestra relación con la buena tierra y con sus criaturas, sobre las cuales nos dio dominio.

Estas tres relaciones quedaron sesgadas por la caída. Adán y Eva fueron expulsados de la presencia del Señor Dios en el huerto, se culparon uno a otro por lo que había ocurrido, y la tierra, hasta entonces buena, fue puesta bajo maldición a causa de su desobediencia.

Es coherente que el plan de restauración diseñado por Dios abarque no solo la reconciliación entre él y nosotros, sino también, de alguna manera, el liberar a la creación que gime. Podemos afirmar con certeza que llegará un día en que habrá un nuevo cielo y una nueva Tierra (por ejemplo 2 Pedro 3.13; Apocalipsis 21.1), porque este es un aspecto esencial de nuestra esperanza de un futuro perfecto que nos espera al final de los tiempos. Pero mientras tanto la creación entera gime y sufre los dolores de parto de la nueva creación (Romanos 8.18–23). Cuánto del destino final de la Tierra podría ser experimentado ahora es tema de debate. Pero sin duda podemos decir que, así como nuestra comprensión sobre el destino futuro de nuestra resurrección corporal debe influir en nuestra manera de pensar y de tratar el cuerpo que ahora tenemos, también nuestro conocimiento sobre un nuevo cielo y una nueva Tierra debería influir y elevar el respeto con el que ahora tratamos a la creación que nos rodea.

¿Cuál debería ser nuestra actitud hacia la Tierra? La Biblia nos señala el rumbo mediante dos declaraciones fundamentales: 'Del Señor es la tierra' (Salmo 24.1), y 'a la humanidad le ha dado la tierra' (Salmo 115.16).

En mayo de 1999 tuve el privilegio de participar en una jornada en Nairobi sobre 'Los cristianos y el ambiente'. Compartieron la plataforma conmigo el doctor Calvin De Witt, del Instituto Au Sable, de Michigan, y Peter Harris, de A Rocha Internacional. Entre los participantes de la jornada había funcionarios del gobierno de Kenia y representantes de iglesias, de organizaciones misioneras, y de ONGs. El encuentro tuvo amplia difusión. Quedó en evidencia que el cuidado de la creación no es un interés mezquino del 'Norte' desarrollado, ni el entusiasmo de una minoría de observadores de aves o amantes de la vegetación, sino una preocupación cada vez mayor en el mundo cristiano.

Poco después se publicó una declaración evangélica sobre el cuidado de la creación (1999), y al año siguiente un comentario más elaborado, titulado *The Care of Creation* (El cuidado de la creación), editado por R. J. Berry. [1]

Las afirmaciones de que 'del Señor es la tierra' y de que 'a la humanidad le ha dado la tierra' son complementarias y no se contradicen. La Tierra le pertenece a Dios porque él la creó, y nos pertenece a nosotros porque nos la delegó. Esto no significa que nos la haya entregado renunciando así a sus derechos sobre ella, sino que nos ha dado la responsabilidad de preservar y desarrollar la Tierra en su representación.

En consecuencia, ¿cómo deberíamos relacionarnos con la Tierra? Si tenemos presente que fue creada por Dios y nos la delegó, evitaremos dos posiciones extremas y cultivaremos, en cambio, una tercera posición que es, además, una relación más apropiada con la naturaleza.

En primer lugar, evitaremos deificar a la naturaleza. Este es el error de los panteístas (quienes identifican al Creador con su creación), de los animistas que llenan de espíritus al mundo natural, y del movimiento Gaia, de la Nueva Era, que atribuye a la naturaleza mecanismos inherentes de autoregulación y autoperpetuación. Todas esas confusiones son un insulto al Creador. La comprensión del cristianismo de que la naturaleza es una creación, no una deidad, fue un preludio indispensable para el emprendimiento científico; y en la actualidad es esencial para el cuidado de los recursos de la tierra. Respetamos a la naturaleza porque Dios la hizo; no reverenciamos a la naturaleza como si fuera Dios.

> **Dios nos ha dado la responsabilidad de preservar y desarrollar la Tierra en su representación.**

En segundo lugar, debemos evitar el extremo opuesto que es el de la explotación de la naturaleza. En este caso no estaríamos tratando a la naturaleza de manera obsecuente, como si fuera Dios, sino de manera arrogante, como si nosotros fuéramos Dios. Se ha culpado injustamente a Génesis 1 por la irresponsabilidad ambiental. Es verdad que Dios comisionó a la raza humana para que 'tenga dominio' sobre la Tierra y la sometiera (Génesis 1.26–28), y que en hebreo estos dos verbos son contundentes. Pero sería absurdo imaginar que aquel que creó la Tierra nos la hubiera entregado para destruirla. En absoluto; el dominio que Dios nos ha dado debe ser considerado como una mayordomía responsable, no una dominación destructiva. La tercera posición, y que es la relación correcta entre los seres humanos y la naturaleza, es la de cooperación con Dios. Sin duda, nosotros mismos somos parte de la creación, tan dependientes del Creador como lo son todas sus criaturas. Pero al mismo tiempo él se humilló deliberadamente e hizo necesaria una sociedad entre Dios y el ser humano. Él creó la Tierra pero luego nos la sometió. Hizo el huerto, pero luego colocó a Adán en él 'para que lo cultivara y lo cuidara' (Génesis 2.15). Conocemos esto como 'el mandato cultural'. Lo que Dios nos dio es *naturaleza*, mientras que lo que hacemos con ella es *cultura*. No solo debemos conservar el ambiente sino también desarrollar los recursos para el bien común. Tenemos el noble llamado de cooperar con Dios para el cumplimiento de su propósito, transformando el orden creado para el disfrute y el beneficio de todos. Nuestro trabajo, en este sentido, debe ser expresión de nuestra adoración, ya que nuestro cuidado de la creación reflejará nuestro amor al Creador.

Debo decir que es posible exagerar este énfasis del trabajo humano hacia la conservación y transformación del ambiente. En su excelente exposición sobre los tres primeros capítulos de Génesis, Henri Blocher argumenta en su libro *In the Beginning* (En el principio)[2] que el clímax de Génesis 1 no es la creación de los seres humanos como trabajadores sino la institución del *sabbat*, el día de la adoración. Nuestra meta final no es el esfuerzo (sometiendo a la tierra) sino el dejar a un lado el trabajo en el séptimo día. El *sabbat* da al trabajo su perspectiva correcta y nos protege de quedar absorbidos en él como si se tratara de la meta e identidad de nuestra existencia. No lo es. Los seres humanos encontramos nuestra humanidad no solo en relación con la Tierra, a la cual debemos transformar, sino en relación con Dios a quien debemos adorar; no solo en relación con la creación sino especialmente en relación con el Creador. La intención de Dios es que nuestro trabajo sea expresión de nuestra adoración y que nuestro cuidado de la creación refleje nuestro amor al Creador. Solo entonces, en cualquier cosa a la que nos dediquemos, sea en palabras o en hechos, podremos hacerlo para la gloria de Dios (1 Corintios 10.31).

Estos y otros temas bíblicos están desarrollados en la publicación que siguió a aquel encuentro en Nairobi, y merecen ser cuidadosamente estudiados.[3]

La crisis ecológica

Es contra este trasfondo de la enseñanza bíblica saludable que podemos y debemos confrontar la actual crisis ecológica. Es probable que todos los análisis de la crisis incluyan los siguientes cuatro ingredientes:

En primer lugar, la cuestión del acelerado crecimiento de la población mundial. Según las Naciones Unidas, los cálculos aproximados comenzaron en 1804, cuando la población mundial alcanzaba a mil millones de habitantes. Hacia comienzos del siglo XXI ya había alcanzado a 6.800 millones, y se estima que hacia mediados de siglo alcanzaremos el increíble número de 9.500 millones.

Debido a lo difícil de recordar las estadísticas, puede ser de ayuda esta nemotecnia:

Pasado	1804dC	1 billón (mil millones)
Presente	2000dC	6.8 billones (6.800 millones)
Futuro	2050dC	9.5 billones (9.500 millones)[4]

¿Será posible alimentar a tanta gente, especialmente si tomamos en cuenta que alrededor de la quinta parte de ella carece de lo necesario para la supervivencia?

En segundo lugar está la cuestión del agotamiento de los recursos del planeta. En su popular libro *Lo pequeño es hermoso,*[5] E. F. Shumacher dirigió la atención del mundo a reconocer la diferencia entre capital e ingreso. Por ejemplo, los combustibles fósiles son un capital, y en consecuencia una vez que se consumen no pueden ser remplazados. El horroroso proceso de deforestación y desertificación son una demostración de este mismo principio. También lo son la degradación o polución del plancton de los océanos, de la superficie verde de la Tierra, de las especies vivientes y de los hábitats de los cuales dependen para la provisión de agua y aire limpios.

En tercer lugar, la deposición de los residuos. La población cada vez más numerosa presenta el problema creciente acerca de cómo deshacerse de manera segura de los subproductos indeseables de los procesos de fabricación, empaquetado y consumo. Una persona típica que vive en una ciudad descarta cada tres meses un peso equivalente al de su propio cuerpo. En 1994 un informe en Gran Bretaña, titulado *Sustainable Development, the UK Strategy* (Desarrollo sustentable, Estrategia del Reino Unido) recomendaba un procedimiento cuádruple y jerarquizado de disposición de los residuos, en un esfuerzo por reducir este problema cada vez mayor.

En cuarto lugar, el cambio climático. De todas las amenazas globales que enfrenta el planeta este es el más grave.

Si se daña la capa de ozono, quedamos expuestos a contraer cáncer de piel y a sufrir daños en el sistema inmunológico. De modo que, cuando en 1983 apareció un enorme agujero en la capa de ozono sobre la Antártida y las regiones cercanas, se produjo una gran alarma pública.

Pocos años después se descubrió un agujero similar sobre el hemisferio norte. Entonces se supo que el deterioro del ozono se debía a los gases clorofluorcarbonados (CFCs), químicos que se utilizan en los sistemas de aire acondicionado, refrigeradores y aerosoles. El Protocolo de Montreal convocó a las naciones a disminuir la emisión de CFCs a la mitad hacia 1997.

El cambio climático es un problema derivado. La temperatura de la superficie de la Tierra (esencial para la supervivencia del planeta) se mantiene mediante una combinación de la radiación del Sol y los rayos infrarrojos que envía hacia el espacio. Este es el llamado efecto invernadero. La contaminación de la atmósfera debido a 'gases de invernadero' (en especial el dióxido de carbono) reduce la emisión de rayos infrarrojos y eleva la temperatura de la superficie de la Tierra. Esta es la amenaza del calentamiento global que podría tener consecuencias desastrosas sobre la configuración de la geografía del mundo y sus esquemas climáticos.[6]

Al reflexionar sobre estas cuatro amenazas ambientales no podemos evitar el reconocimiento de que el planeta entero está en peligro. La palabra 'crisis' no es exagerada. ¿Cuál sería la reacción adecuada? Para comenzar, podemos estar agradecidos de que en la Cumbre de la Tierra convocada en Río de Janeiro en 1992 se tomó el compromiso de 'un desarrollo global sustentable'. Los congresos siguientes se ocuparon de que los temas ambientales fueran presentados ante las naciones líderes del mundo.

Pero además de estas jornadas oficiales, han surgido diversas ONG. Mencionaré solamente a las dos organizaciones explícitamente cristianas más destacadas: *Tearfund* y *A Rocha*, que recientemente han celebrado 40 y 25 años de existencia respectivamente.

Tearfund, fundada por George Hoffman, se dedica al desarrollo en el más amplio sentido y trabaja en cooperación directa con 'asociados' en el mundo de los dos tercios. La maravillosa historia de Tearfund fue documentada por Mike Hollow en su libro *A Future and a Hope* (Un futuro y una esperanza).[7]

A Rocha es diferente y más pequeña. Fue fundada por Peter Harris en 1983, y él mismo documentó su crecimiento en dos libros: *Under the Bright Wings* (Bajo las alas brillantes), que reseña los primeros diez años de la organización, y *Kingfisher's Fire* (La pasión del martín pescador), con la actualización de la historia.[8] Su desarrollo constante es notable, y ahora se encuentra presente en dieciocho países, con centros de estudios de campo en todos los continentes.

Es muy apropiado que demos nuestro apoyo a las ONG ambientales de orientación cristiana, pero ¿cuál es nuestra responsabilidad en el nivel individual? Dejo que sea Chris Wright quien responda a la pregunta: ¿Qué puede hacer el discípulo radical por el cuidado de la creación? El anhelo de Chris es que haya una multitud de cristianos que se interesen por la creación y tomen en serio sus responsabilidades ambientales:

> Eligen en lo posible formas sustentables de energía, desconectan aparatos domésticos innecesarios.
> En la medida de lo posible adquieren la comida, la ropa, los bienes y los servicios de empresas que practican políticas de medio ambiente éticamente sólidas.
> Participan en asociaciones de conservación. Evitan el exceso de consumo y los gastos innecesarios, y reciclan todo lo que pueden.[9]

Chris también desea ver un número cada vez mayor de cristianos que incluyan el cuidado de la creación en su comprensión bíblica de la misión.

Me hago eco de la elocuente conclusión de Chris Wright:

Me parece en gran medida inexplicable que haya algunos cristianos que declaran amar y adorar a Dios, que dicen ser discípulos de Jesús, y sin embargo no tiene interés alguno por esta Tierra que ostenta el sello de su propiedad. No se preocupan por el abuso de la tierra, y por el contrario se suman a él con su estilo de vida de consumo y derroche excesivos.

El propósito de Dios es que … nuestro cuidado de la creación refleje nuestro amor por la creación.[10]

Al SEÑOR tu Dios le pertenecen los cielos y lo más alto de los cielos, la tierra y todo lo que hay en ella.

Deuteronomio 10.14

Notas

[1] IVP, 2000.

[2] IVP, 1984.

[3] Adaptado con permiso del Prólogo que escribí para *The Care of Creation*. Dos libros recientes y útiles sobre el tema son: R. J. Berry (ed.): *When Enough is Enough: A Christian Framework for Environmental Sustainability* (Apollos, 2007), y Dave Bookless: *Planetwise: Dare to Care for God's World* (IVP, 2008).

4 La expresión (en inglés) 'un billón' se utiliza en Gran Bretaña para significar un millón de millones. Actualmente es una cifra que casi universalmente se aplica a la cantidad de mil millones.

5 Ediciones AKAL, 2001.

6 Para ampliar el contenido de este capítulo ver el capítulo 5 de mi libro *Los problemas que los cristianos enfrentamos hoy,* 'El cuidado de la creación' .

7 Monarch Books, 2008.

8 Peter Harris: *Under the Bright Wings*, Regent College Publishing, 2000; *Kingfisher's Fire*, Monarch, 2008.

9 Esta nota y las siguientes fueron tomadas del libro de Chris Wright: *La misión de Dios*, Certeza Unida, 2009.

10 Citado del prólogo a *The Care of Creation*, escrito por John Stott.

5

Sencillez

L A QUINTA CARACTERÍSTICA QUE SUGIERO DE LOS discípulos radicales es la sencillez, especialmente en relación a los asuntos del dinero y de las posiciones. En el capítulo 1 dejamos pendiente el desafío del materialismo, que ahora retomamos. En marzo de 1980 se llevó a cabo en Inglaterra una Consulta Internacional sobre el Estilo de Vida Sencillo. Tuvo algún impacto en aquel momento, pero en mi opinión recibió poca consideración entonces o en los años siguientes. En consecuencia, quisiera presentarle a alguien que asistió a esa Consulta y cuya vida fue influenciada por ella.

Un estilo de vida sencillo

Dan Lam nació y creció en un hogar cristiano en Hong Kong. Su padre murió cuando él era pequeño, y en consecuencia su madre los formó sola. Era una mujer buena y piadosa. A pesar de que eran bastante pobres, los domingos le daba a cada uno de sus hijos algún dinero para poner en el plato de las ofrendas. Lo que Dan hacía con el dinero que recibía era escabullirse del templo, alquilar una bicicleta, y recorrer Hong Kong. Regresaba a la hora en que terminaba el culto y volvía a casa con su familia. Según recuerda uno de sus compañeros de escuela, 'era un chico muy malo'.

Siendo adolescente enfermó al punto de estar en riesgo de muerte. En ese momento decidió que Dios tenía para él planes 'de bien, no de mal', y en consecuencia entregó su vida al Señor Jesucristo. Nunca retrocedió. Hizo un giro de 180 grados, para el asombro y el alivio de su familia.

Cuando llegó a la edad de tener que ganar su sustento, fue empleado por la empresa Bechtel, una multinacional dedicada al trabajo de ingeniería pesada que había participado en la construcción de aeropuertos y puertos marítimos para auxilio en ocasiones de huracanes, en la construcción del 'chunnel' (el canal subacuático que une Inglaterra y Francia), y en la instalación del sistema 'BART', el sistema de tránsito rápido en el área de la bahía de San Francisco. Por supuesto, Dan no estuvo personalmente comprometido con todos estos proyectos, pero ascendió hasta ser gerente responsable de varios cientos de empleados.

En 1976 la empresa lo transfirió junto con su familia a Arabia Saudita, y en 1978 a Londres. Fue entonces que conocí a Dan y a su esposa Grace, porque se integraron a la iglesia All Souls, en la Langham Place, de la que yo era párroco, y éramos miembros en el mismo grupo de comunión.

Dan tenía una gran preocupación por los pobres y los necesitados, y era generoso hacia su familia y su iglesia, a la vez que mantenía un estilo de vida frugal. Por entonces también comenzaba a sentir las presiones del trabajo. Luego vino a la Consulta sobre Estilo de Vida Sencillo y esta le produjo un desafío. Dan siempre había diezmado de sus ingresos, pero ahora entendió que debía simplificar todavía más su estilo de vida. En una visita a la India se encontró con la verdadera pobreza, y también observó que había un porcentaje demasiado elevado de los fondos de misión que se destinaban a gastos fijos. Decidió no acumular riquezas sino obsequiarla.

En 1981 renunció en Bechtel. No lo hizo porque no se sintiera capaz de servir a Dios en una empresa multinacional, ya que Jesucristo es Señor de toda la vida. Lo hizo más bien porque sentía un llamado personal hacia las naciones del sudeste asiático a las que él pertenecía: Tailandia, Laos, y

Cambodia, además de Myanmar y Mongolia. Comprendió y puso en práctica los principios indigenistas en la misión. Creía firmemente en la posibilidad de enseñar y capacitar a los asiáticos para evangelizar a los asiáticos, y en la opción de equiparlos para la misión. Se sentía motivado al saber que la mayor proporción de los habitantes del mundo viven en Asia. Más aun, es mucho más eficiente y económico que sean los nativos quienes evangelicen a los asiáticos, debido a que no tienen problemas culturales, ni de idioma, ni restricciones en cuanto a la inmigración o a la alimentación.

Dan fundó el primer instituto bíblico en Mongolia, y el instituto bíblico en Phnom Penh (Cambodia) estuvo al comienzo registrado a su nombre. Este notable crecimiento despertaba expectativas. Sin embargo, no fue duradero.

De pronto, a Dan le fue arrebatado el liderazgo. El 22 de marzo de 1994 estuvo en un accidente aéreo fatal. Estaba volando en un *airbus* ruso (vuelo 593 de Aeroflot, de Moscú a Hong Kong) que se estrelló contra la ladera de una montaña en Rusia y provocó la muerte de los 75 pasajeros y toda la tripulación. La causa comprobada fue que el hijo de uno de los pilotos estaba jugando con los controles en la cabina.

La viuda de Dan, Grace, y sus dos pequeños hijos (Wei Wei y Justin) quedaron devastados. Pero la obra del Señor continuó.

Providencialmente la hermana mayor de Dan, Winnie, y su esposo José, pudieron hacerse cargo. Habían viajado al campo de misión en el que trabajaba Dan, y conocían personalmente a los líderes asiáticos con los que había colaborado. Dan había iniciado dos fundaciones, una privada y sostenida por sus fondos personales, y la otra una institución de bien público con el nombre de 'Country Network'. Por medio de estas fundaciones pudo llevarse adelante la tarea singular de la que había sido pionero.

El legado de Dan perdurará en los creyentes asiáticos a los que alcanzó, y todo ello debido al estilo de vida sencillo que decidió mantener. En una carta, Grace me dijo: 'El Seminario de Estilo de Vida Sencillo nos cambió la vida a todos'.

Compromiso evangélico con un estilo de vida sencillo

Introducción

Obviamente, los términos 'vida' y 'estilo de vida' están asociados y no pueden ser separados. Todos los creyentes declaran haber recibido una nueva vida en Jesucristo. En consecuencia, ¿cuál es el estilo de vida apropiado para ellos? Si la vida es nueva, el estilo de vida también debería serlo. ¿Cuáles deben ser sus características? En particular, ¿cómo deben diferenciarse del estilo de vida de quienes no profesan la fe cristiana? ¿Cómo debería este estilo de vida reflejar los desafíos del mundo contemporáneo, su alienación tanto de Dios como de los recursos de la Tierra que Dios creó para disfrute de todos?

Fueron preguntas como estas las que llevaron a los participantes del Congreso Mundial de Evangelización en Lausana (1974) a incluir las siguientes expresiones en el párrafo 9 del Pacto que firmaron:

> Todos nos sentimos sacudidos por la pobreza de
> millones de personas y perturbados por las injusticias
> que la causan. Los que vivimos en situaciones de
> riqueza aceptamos nuestro deber de desarrollar
> un estilo de vida simple a fin de contribuir más
> generosamente tanto a la ayuda material como
> a la evangelización.

Hubo mucho debate sobre estos conceptos, y quedó en evidencia que se debía examinar cuidadosamente sus implicancias.

El grupo de Teología y Educación del comité de Lausana, y el grupo de Ética y Sociedad de la comisión teológica de la Alianza Evangélica Mundial (WEF, por su sigla en inglés) acordaron auspiciar un proceso de estudios durante dos años, culminando en un encuentro internacional. Se convocaron grupos locales en 15 países. Se realizaron congresos regionales en India, Irlanda y Estados Unidos. Finalmente en marzo de 1980 se convocó la Consulta Internacional en el Centro de Convenciones en High Leigh, cerca de Londres. Se reunieron allí 85 líderes evangélicos procedentes de 27 países.

Nuestro propósito era el de analizar el carácter de una manera sencilla de vivir en relación con el evangelismo, la ayuda y la justicia, ya que estos tres conceptos se mencionan en el párrafo del pacto de Lausana sobre el estilo de vida sencillo. Nos propusimos mantener por un lado la perspectiva de la enseñanza de la Biblia, y por el otro el sufrimiento presente en el mundo, es decir, el hecho de que miles de millones de hombres, mujeres y niños, creados a la imagen de Dios y objetos de su amor, permanecen sin ser evangelizados o sufriendo opresión, o viviendo bajo ambas circunstancias, destituidos del evangelio de salvación y de la provisión para las necesidades básicas de la vida.

Durante los cuatro días de la Consulta convivimos, adoramos, oramos, y estudiamos las Escrituras; escuchamos la presentación de documentos de base (que más tarde fueron publicados en un libro conjunto) y escuchamos algunos testimonios conmovedores. Nos esforzamos por relacionar las cuestiones teológicas y las económicas, debatiendo en pequeños grupos y en sesiones plenarias. Reímos y lloramos, nos arrepentimos, y tomamos decisiones. Aunque al comienzo percibíamos algunas tensiones entre los representantes de Occidente y los del mundo de los Dos Tercios, hacia el final del encuentro el Espíritu Santo de la unidad produjo entre nosotros un vínculo solidario nuevo marcado por el amor y el respeto mutuo.

Por sobre todas las cosas intentamos someternos con honestidad tanto a los desafíos de la Palabra de Dios como a los del mundo necesitado, a fin de discernir la voluntad de Dios y buscar su gracia para llevarla a cabo. A lo largo de este proceso nuestra mente se expandió, nuestra conciencia se inquietó, se conmovió nuestro corazón y se fortaleció nuestra voluntad.

Reconocemos que otras personas han estado analizando estas cuestiones durante varios años, y nos sentimos avergonzados de habernos rezagado. En consecuencia, no albergamos pretensión alguna respecto a nuestra Consulta o compromiso. No tenemos base alguna para hacer alarde. Sin embargo, para nosotros aquella semana fue histórica y transformadora. Entonces entregamos esta declaración para que sea estudiada por individuos, grupos, e iglesias, con la sincera esperanza y oración de que cada vez más cristianos se sientan motivados, como lo fuimos nosotros, a tomar la decisión, el compromiso, y llevar adelante la acción.

John Stott
Presidente
(Grupo de Trabajo sobre Teología y Educación
Comité de Lausana para la Evangelización del Mundo)
Ron Sider
Presidente de comisión
(Grupo de Ética y Sociedad
World Evangelical Fellowship)

Octubre 1980

Preámbulo

Ochenta y cinco cristianos procedentes de veintisiete países del mundo nos hemos reunido por cuatro días para considerar la resolución expresada en el Pacto de Lausana (1974) de 'desarrollar un estilo de vida sencillo'. Nos hemos esforzado por oír la voz de Dios en las páginas de la Biblia, en el gemido de hambre de los pobres y entre los presentes. Y creemos que Dios nos ha hablado.

Damos gracias a Dios por su gran salvación por medio de Jesucristo, por su revelación en las Escrituras que son luz en nuestro camino, y por el poder del Espíritu Santo para hacernos testigos y siervos en el mundo.

Estamos perturbados por la injusticia en el mundo, preocupados por sus víctimas, movidos a arrepentimiento por nuestra complicidad con ella. Nos sentimos compelidos a varias resoluciones que expresamos en este Compromiso.

1. Creación

Adoramos a Dios como el Creador de todas las cosas, y celebramos la bondad de su creación. En su generosidad él nos ha dado todas las cosas para que las disfrutemos, y las recibimos de sus manos con humilde agradecimiento (1 Timoteo 4.4; 6.17). La creación de Dios está marcada por mucha abundancia y diversidad, y el propósito de Dios es que estos recursos sean cultivados y compartidos para el beneficio de todos.

Denunciamos, por lo tanto, la destrucción ambiental, el desperdicio y la avaricia. Deploramos la miseria de los pobres que sufren como resultado de estos males. También desaprobamos el desaliño de los ascetas. Todo esto niega la bondad del Creador y refleja la tragedia de la caída. Reconocemos nuestra complicidad en ello, y nos arrepentimos.

2. Mayordomía

Cuando Dios hizo al hombre, varón y hembra, a su imagen, le dio dominio sobre la Tierra (Génesis 1.26–28). Los hizo mayordomos de sus recursos y por lo tanto responsables ante él como Creador, ante la Tierra que debían desarrollar, y ante su prójimo con quien debían compartir sus riquezas. Tales verdades son tan fundamentales que la realización humana auténtica depende de una relación correcta con Dios, con el prójimo y con la Tierra y sus recursos. La humanidad de la gente es menoscabada si no recibe los recursos que le corresponden.

Con una mayordomía infiel, en que no conservamos los limitados recursos de la Tierra, ni los desarrollamos plenamente, ni los distribuimos con justicia, desobedecemos a Dios y a la vez alienamos a la gente del propósito que él tiene. Consecuentemente, estamos dispuestos a honrar a Dios como el dueño de todas las cosas, a recordar que somos mayordomos y no dueños de la Tierra o las posesiones, a usarlas en el servicio de los demás y a buscar la justicia para con los pobres que son explotados y no tienen el poder para defenderse.

Esperamos la 'restauración de todas las cosas' cuando Cristo vuelva (Hechos 3.21). También nuestra humanidad será restaurada a la vez; por lo tanto, debemos promover la dignidad humana hoy.

3. Pobreza y riqueza

Afirmamos que la pobreza involuntaria es una ofensa contra la bondad de Dios. En la Biblia se la relaciona con la impotencia, puesto que los pobres no pueden protegerse a sí mismos. El llamado de Dios a los que tienen el poder es a usarlo para defender a los pobres, no para explotarlos. La Iglesia debe solidarizarse con Dios y los pobres contra la injusticia; debe sufrir con estos y debe exigir a los que tienen el poder que cumplan el papel que el Señor les ha dado.

Nos hemos esforzado por abrir la mente y el corazón a las perturbadoras palabras de Jesús respecto a la riqueza. 'Mirad y guardaos de toda avaricia' —dijo él—, y 'la vida del hombre no consiste en la abundancia de los bienes que posee' (Lucas 12.15). Hemos oído sus advertencias sobre el peligro de las riquezas, porque la riqueza trae ansiedad, vanidad y falsa seguridad, la opresión de los débiles y la indiferencia hacia los necesitados y los que sufren. Así que es difícil que un rico entre al reino de los cielos (Mateo 19.23), y el avaro será excluido del mismo. El reino es un don gratuito, ofrecido a todos, pero es buenas nuevas especialmente para los pobres porque son los que más se benefician de los cambios que trae.

Creemos que Jesús todavía llama a algunos (tal vez inclusive a nosotros) a seguirlo en un estilo de vida de pobreza voluntaria total. A todos a sus seguidores los llama a una libertad interior de la seducción de las riquezas (puesto que es imposible servir a Dios y al dinero) y a una generosidad dispuesta al sacrificio ('que sean ricos en buenas obras, dadivosos, generosos', 1 Timoteo 6.18). En efecto, la motivación y el modelo de la generosidad cristiana son nada menos que el ejemplo de Jesucristo mismo, quien, siendo rico, se hizo pobre para que nosotros por su pobreza fuésemos hechos ricos (2 Corintios 8.9). Fue un autosacrificio costoso, con un propósito definido; queremos recibir su gracia para seguir a Jesucristo. Nos proponemos esforzarnos por conocer a gente pobre y oprimida, por discutir con ellos los problemas de la injusticia, por aliviar su sufrimiento y por incluirlos regularmente en nuestras oraciones.

4. La nueva comunidad

Nos gozamos en que la iglesia sea la nueva comunidad de una nueva era, cuyos miembros disfrutan de una nueva vida y de un nuevo estilo de vida. La primera iglesia cristiana, constituida en Jerusalén el Día de Pentecostés, se caracterizó por una comunión hasta entonces nunca vista. Aquellos creyentes, llenos del Espíritu, se amaban mutuamente de tal modo que vendían y compartían sus posesiones. Aunque vendían y daban voluntariamente, y aunque entre ellos subsistía la propiedad privada (Hechos 5.4), esta estaba sujeta a las necesidades de la comunidad: 'Ninguno decía ser suyo propio nada de lo que poseía' (Hechos 4.32). En otras palabras, estaban libres de la afirmación egoísta de los derechos de propiedad. Como resultado de sus nuevas relaciones económicas, 'no había entre ellos ningún necesitado' (Hechos 4.34).

Este principio de un compartir generoso, dispuesto al sacrificio, expresado en ponernos a nosotros mismos y poner nuestras posesiones a disposición de los necesitados, es una característica indispensable de cada iglesia llena del Espíritu. Así que quienes tenemos más, vivamos donde vivamos, estamos dispuestos a hacer más para satisfacer las necesidades de los creyentes menos privilegiados. De otro modo seremos como los cristianos ricos de Corinto que comían y bebían demasiado mientras que sus hermanos y hermanas más pobres seguían con hambre, y nos haremos merecedores de la dura represión que les dirigiera Pablo por menospreciar la Iglesia de Dios y negar la realidad del Cuerpo de Cristo (1 Corintios 11.20–29). Más bien, nos proponemos ser como ellos en su actitud posterior, cuando Pablo los animara a que de su abundancia dieran para los empobrecidos creyentes de Judea, 'para que haya igualdad' (2 Corintios 8.10–15). Fue una hermosa demostración de amor fraternal y solidaridad cristiana entre judíos y gentiles.

En el mismo espíritu, debemos buscar maneras de realizar juntos los negocios de la iglesia a nivel corporativo, con una celosa reducción de gastos de viaje, comida y hospedaje. Invitamos a las iglesias y las agencias para–eclesiásticas a que en su planeamiento estén muy conscientes de la necesidad de integridad en su estilo de vida y su testimonio como organizaciones.

Cristo nos llama a ser sal y luz del mundo, a fin de impedir su corrupción e iluminar sus tinieblas. Pero nuestra luz debe brillar y nuestra sal debe retener su sabor. Cuando la nueva comunidad es obviamente distinta del mundo en sus valores, criterios y estilo de vida, entonces presenta al mundo una alternativa radicalmente atractiva y así ejerce una mayor influencia cristiana. Nos comprometemos a orar y trabajar por la renovación de nuestras iglesias.

5. Estilo de vida personal

Nuestro Señor Jesús nos llama a la santidad, la humildad, la sencillez y el contentamiento. También nos promete su descanso. Sin embargo, confesamos que con frecuencia hemos permitido que los deseos pecaminosos perturben nuestra paz interior. Así, sin la constante renovación de la paz de Cristo en nuestro corazón, nuestro énfasis en un estilo de vida sencillo será unilateral.

Nuestra obediencia cristiana requiere un estilo de vida sencillo, aparte de las necesidades de los demás. Sin embargo, el hecho de que 800 millones de personas vivan en la miseria y el hecho de que 10.000 personas mueran de hambre diariamente hacen que otro estilo de vida sea inexcusable.

Algunos de nosotros hemos sido llamados a vivir entre los pobres y otros a abrir nuestro hogar a los necesitados, pero todos estamos dispuestos a desarrollar un estilo de vida más sencillo. Nos proponemos examinar de nuevo nuestros ingresos y nuestros gastos a fin de vivir con menos y dar más. No proponemos normas ni reglas ni para nosotros ni para otros, pero estamos resueltos a renunciar al desperdicio y a oponernos a la extravagancia en la vida personal, en el vestido y la vivienda, los viajes y los templos. También aceptamos la distinción entre necesidades y lujos, 'hobbies' creativos y símbolos de estatus vacíos, modestia y vanidad, celebraciones ocasionales y rutina normal, y entre el servicio a Dios y la esclavitud a la moda. Para saber dónde trazar la línea se requiere de nosotros una consideración consciente y una decisión, junto con los miembros de nuestra familia. Los que venimos de países ricos necesitamos la ayuda de nuestros hermanos y hermanas de países pobres para evaluar la manera en que enfocamos nuestros gastos. Los que venimos de países del Tercer Mundo reconocemos que nosotros también estamos expuestos a la tentación de la avaricia. Así, pues, necesitamos la comprensión, el aliento y las oraciones de los unos para con los otros.

6. Desarrollo internacional

Hacemos eco a las palabras del Pacto de Lausana: 'Todos nos sentimos sacudidos por la pobreza de millones de personas y perturbados por las injusticias que las causan'. Una cuarta parte de la población mundial goza de una prosperidad sin paralelo, mientras que otra cuarta parte sufre una pobreza acuciante. Esta disparidad es una injusticia intolerable; estamos en rotundo desacuerdo con ella. La propuesta sobre un Nuevo Orden Económico Internacional expresa la justificada frustración del Tercer Mundo.

Tenemos que comprender con más claridad la relación entre los recursos, los ingresos y el consumo: frecuentemente la gente se muere de hambre porque no puede comprar alimentos, porque no tiene ingresos, porque no tiene oportunidad de producir y porque no tiene acceso al poder. Por lo tanto, aplaudimos el creciente énfasis de las agencias cristianas en el desarrollo más bien que en la asistencia social. La transferencia de personal y tecnología apropiada puede ayudar a la gente a hacer buen uso de sus propios recursos, y al mismo tiempo preserva su dignidad. Nos proponemos contribuir más generosamente a proyectos de desarrollo humano. Donde lo que está en juego es la vida de la gente, jamás deben faltar fondos.

Sin embargo, la acción de los gobiernos es esencial. Los que vivimos en países ricos, nos avergonzamos de que nuestros gobiernos en general no han alcanzado sus metas de asistencia oficial para el desarrollo, ni han mantenido las reservas de alimento para casos de emergencia, ni han liberalizado su política comercial.

Hemos llegado a la convicción de que en muchos casos las empresas multinacionales reducen la iniciativa local en los países donde trabajan y tienden a oponerse a cualquier cambio fundamental en el gobierno. Estamos convencidos de que deben estar más sujetas a controles y dar cuenta de sus negocios.

7. Justicia y política

También estamos convencidos de que la presente situación de injusticia social es tan repugnante delante de Dios que se hace necesario un cambio muy drástico. No creemos en una utopía terrenal, pero tampoco somos pesimistas. El cambio es posible, aunque no por medio del compromiso con un estilo de vida sencillo o proyectos de desarrollo humano únicamente.

La pobreza y la riqueza excesiva, el militarismo y la industria de armamentos, y la injusta distribución de capital, tierra y recursos, son cuestiones de poder y falta de poder. Sin un cambio a este nivel por medio de un cambio estructural, no es posible resolver estos problemas.

La iglesia cristiana, como el resto de la sociedad, inevitablemente está involucrada en política, que es el 'arte de vivir en comunidad'. Los siervos de Jesucristo deben expresar el señorío que él ejerce en sus compromisos políticos, sociales y económicos, y deben expresar su amor al prójimo tomando parte en el proceso político. ¿Cómo, entonces, podemos trabajar por el cambio?

En primer lugar, oraremos por la paz y la justicia, como Dios manda. En segundo lugar, trataremos de educar al pueblo cristiano en cuanto a las cuestiones morales y políticas, a fin de aclarar su visión y elevar sus expectativas. En tercer lugar, entraremos en acción. Algunos cristianos son llamados a tareas especiales a nivel del gobierno, la economía y el desarrollo. Todos los cristianos deben participar activamente en la lucha por crear una sociedad justa y responsable. En algunas situaciones la obediencia a Dios demanda la resistencia frente a un sistema establecido injusto. En cuarto lugar, debemos estar dispuestos a sufrir. Como seguidores de Jesús, el Siervo Sufriente, sabemos que el servicio siempre involucra sufrimiento.

Si bien el compromiso personal con un cambio de estilo de vida que no va acompañado por la acción para cambiar los sistemas de injusticia carece de eficacia, la acción política que no va acompañada por un compromiso personal carece de integridad.

8. Evangelización

Estamos profundamente preocupados por los muchos millones de personas no evangelizadas que hay en el mundo. Nada de lo que hasta aquí hemos dicho en cuanto al estilo de vida o la justicia disminuye la urgencia de desarrollar estrategias de evangelización apropiadas para los diferentes ambientes culturales. No debemos cesar de proclamar a Cristo como Señor y Salvador en todo el mundo. La Iglesia no está todavía tomando en serio su comisión de ser testigos 'hasta lo último de la tierra' (Hechos 1.8).

Así, pues, el llamado a un estilo de vida responsable no debe divorciarse del llamado a un testimonio responsable, puesto que la credibilidad de nuestro mensaje se ve disminuida seriamente cuando lo contradecimos con nuestra vida. Es imposible proclamar la salvación en Cristo con integridad si evidentemente él no nos ha salvado de la avaricia; es imposible proclamar su señorío si no somos buenos mayordomos de las posesiones que tenemos; es imposible proclamar su amor si cerramos nuestro corazón contra los necesitados. Cuando los cristianos muestran preocupación mutua y por los pobres, Jesucristo se hace más atractivo a los ojos de la gente.

En contraste con esto, el estilo de vida opulento de algunos evangelistas del mundo occidental cuando visitan el Tercer Mundo es, comprensiblemente, causa de ofensa para muchos.

Creemos que si los cristianos en general vivieran más sencillamente, habría muchos recursos personales y financieros adicionales tanto para la evangelización como para el desarrollo. Así, pues, al adoptar un estilo de vida más sencillo nos comprometemos nuevamente y de todo corazón con la evangelización del mundo.

9. El retorno del Señor

Los profetas del Antiguo Testamento denunciaron las idolatrías y las injusticias del Pueblo de Dios y a la vez le advirtieron acerca del juicio venidero. En el Nuevo Testamento hay denuncias y advertencias similares. El Señor Jesús está por venir otra vez para juzgar, salvar y reinar. Su juicio caerá sobre los avaros (que son idólatras) y los opresores. En ese día el Rey se sentará en su trono y separará a los salvos de los perdidos. Los que le hayan servido sirviendo a alguno de sus hermanos y hermanas más pequeñitos serán salvos, puesto que la realidad de la fe que salva se manifiesta en el amor que sirve. Pero los que permanecen indiferentes a la situación de los necesitados, y por lo tanto a Cristo en ellos, se perderán irremisiblemente (Mateo 25.31–46). Todos necesitamos oír nuevamente esta solemne advertencia de Jesús y proponernos de nuevo servirlo sirviendo a los pobres. Consecuentemente invitamos a nuestros hermanos y hermanas en Cristo en todas partes a que hagan lo mismo.

Nuestra resolución

En conclusión, habiendo sido liberados por el sacrificio de nuestro Señor Jesucristo, en obediencia a su llamado, en profunda compasión por los pobres, en preocupación por la evangelización, el desarrollo y la justicia, y en solemne expectativa del Día del Juicio, humildemente nos comprometemos a desarrollar un estilo de vida sencillo y justo, a apoyarnos mutuamente en este propósito y a animar a otros a unirse a nosotros en este compromiso.

Sabemos que necesitaremos tiempo para elaborar sus consecuencias y que la tarea no será fácil. ¡Que el Dios Todopoderoso nos dé su gracia para serle fieles! Amén.

El *Compromiso Evangélico para un Estilo de Vida Sencillo* es un documento extenso. Permítame subrayar sus principales énfasis:

- La nueva comunidad: Nos alegramos de que la Iglesia fue instituida para ser la nueva comunidad de Dios, que exhibe nuevos valores, nuevas pautas y un nuevo estilo de vida.

- Estilo de vida personal: No promulgamos reglas ni normas, pero, tomando en cuenta la realidad de que aproximadamente diez mil personas mueren cada día por hambre, decidimos simplificar nuestro estilo de vida.

- Desarrollo internacional: Nos sentimos conmocionados por la pobreza de millones de personas, y resolvemos contribuir con más generosidad a los proyectos de desarrollo. Sin embargo, resulta imprescindible la acción de los gobiernos.

- Justicia y política: Creemos que Dios aborrece la actual situación de injusticia social, que el cambio es posible y que debe ser llevado a cabo.

- Evangelización: Nos preocupa profundamente la existencia de millones de personas todavía no evangelizadas. El llamado a un estilo de vida sencillo no debe estar separado del llamado al testimonio responsable.

- El retorno del Señor: Creemos que cuando Jesucristo regrese aquellos que le hayan servido mediante el servicio a los más débiles serán salvos, porque la realidad de la fe que salva se demuestra en el amor que sirve a otros.

6

Equilibrio

L YA FALLECIDO DUQUE DE WINDSOR (QUIEN fue por un breve lapso el rey Eduardo VIII) murió en París en mayo de 1972, y esa noche se mostró en la televisión inglesa un documental muy interesante. Incluía extractos de filmaciones en las que era entrevistado y se le preguntaba acerca de su crianza, su breve reinado y su abdicación.

Al recordar su infancia, había dicho: "Mi padre [el rey Jorge V] era estricto en la disciplina; a veces, cuando yo había hecho algo malo, me amonestaba diciendo: 'Querido hijo, siempre debes recordar quién eres'". Si tan solo recordaba que era un príncipe destinado a la corona, podría comportarse de manera coherente.

¿Quiénes somos? Esa es la pregunta. Creo que en todo el Nuevo Testamento no hay un versículo que ofrezca una síntesis tan completa y equilibrada de lo que significa ser un discípulo como el texto de 1 Pedro 2.1-17:

> Por lo tanto, abandonando toda maldad y todo engaño, hipocresía, envidias y toda calumnia, deseen con ansias la leche pura de la palabra, como niños recién nacidos. Así, por medio de ella, crecerán en su salvación, ahora que han probado lo bueno que es el Señor.
>
> Cristo es la piedra viva, rechazada por los seres humanos pero escogida y preciosa ante Dios. Al acercarse a él, también ustedes son como piedras vivas, con las cuales se está edificando una casa espiritual. De este modo llegan a ser un sacerdocio

santo, para ofrecer sacrificios espirituales que Dios acepta por medio de Jesucristo. Así dice la Escritura:

> 'Miren que pongo en Sión
> una piedra principal escogida y preciosa,
> y el que confíe en ella
> no será jamás defraudado.'
> Para ustedes los creyentes, esta piedra es preciosa;
> pero para los incrédulos,
> 'la piedra que desecharon los constructores
> ha llegado a ser la piedra angular',
> y también:
> 'una piedra de tropiezo
> y una roca que hace caer.'

Tropiezan al desobedecer la Palabra, para lo cual estaban destinados.

Pero ustedes son linaje escogido, real sacerdocio, nación santa, pueblo que pertenece a Dios, para que proclamen las obras maravillosas de aquel que los llamó de las tinieblas a su luz admirable. Ustedes antes ni siquiera eran pueblo, pero ahora son pueblo de Dios; antes no habían recibido misericordia, pero ahora ya la han recibido.

Queridos hermanos, les ruego como a extranjeros y peregrinos en este mundo, que se aparten de los deseos pecaminosos que combaten contra la vida. Mantengan entre los incrédulos una conducta tan ejemplar que, aunque los acusen de hacer el mal, ellos observen las buenas obras de ustedes y glorifiquen a Dios en el día de la salvación.

Sométanse por causa del Señor a toda autoridad humana, ya sea al rey como suprema autoridad, o a los gobernadores que él envía para castigar a los que hacen el mal y reconocer a los que hacen el bien. Porque ésta es la voluntad de Dios: que, practicando el bien, hagan callar la ignorancia de los insensatos. Eso es actuar como personas libres que no se valen de su libertad para disimular la maldad, sino que viven como siervos de Dios. Den a todos el debido respeto: amen a los hermanos, teman a Dios, respeten al rey.

Mediante una variedad de metáforas, el apóstol ilustra quiénes somos. Cada metáfora se acompaña con un compromiso. En conjunto podríamos titularlas 'el cristianismo según Pedro'.

Bebés

La razón por la cual Pedro compara a sus lectores con *bebés recién nacidos* es que han nacido de nuevo (1.23). ¿Qué es el nuevo nacimiento? Es un error identificar esta realidad con lo que sucede cuando se nos bautiza como miembros de la iglesia. Por cierto, el bautismo es el sacramento del nuevo nacimiento. Es decir, es la dramatización exterior y visible del mismo. Pero no debemos confundir el símbolo con la realidad, la señal con aquello que significa.

El nuevo nacimiento es un cambio interior, profundo y radical, producido por el Espíritu Santo en nuestra personalidad humana, mediante el cual recibimos un nuevo corazón y una nueva vida, y llegamos a ser una nueva criatura. Más aun, como le dijo Jesús a Nicodemo, se trata de algo indispensable. 'Tienen que nacer de nuevo' (Juan 3.7).

El tema es que no emergemos del nuevo nacimiento con una comprensión y un carácter propios del cristiano maduro, menos aun con alas de ángel (!) sino como 'bebés recién nacidos': débiles, inmaduros, vulnerables, y sobre todas las cosas, con la necesidad de crecer. A eso se debe que el Nuevo Testamento hable de nuestra necesidad de crecer en conocimiento, en santidad, en fe, en amor, y en esperanza. Pedro escribe en su epístola que sus lectores deben 'crecer' en la salvación (versículo 2). Esta verdad se asocia con que deben despojarse de 'toda maldad y todo engaño, hipocresía, envidias y toda calumnia' (versículo 1), implicando que esas cosas son propias de bebé. Debemos superarlas y crecer en la semejanza a Cristo.

¿De qué modo crecemos? Todavía siguiendo la figura de los bebés recién nacidos, observemos la referencia de Pedro en el versículo 2 a la 'leche pura de la palabra': 'deseen con ansias la leche pura de la palabra, como niños recién nacidos. Así, por medio de ella, crecerán en su salvación'.

En otras palabras, así como el secreto del crecimiento saludable de un niño está en la constancia de una dieta correcta, también para el crecimiento espiritual el alimento diario es un requisito fundamental.

¿En qué consiste la leche que habremos de tomar para crecer en la madurez cristiana? Según este versículo se trata de la leche espiritual pura. El adjetivo en griego es *logikos*. Esto puede significar 'metafísico', en oposición a la leche de vaca en sentido literal, o bien 'racional' en el sentido del alimento para la mente, o 'la leche de la palabra', como se la menciona en 1.2. Sin duda la Palabra de Dios es indispensable para nuestro crecimiento espiritual, tanto como la leche materna lo es para el crecimiento del bebé. 'Deseen con ansias', nos urge Pedro, 'ahora que han probado lo bueno que es el Señor' (versículo 3).

E. G. Selwyn sugiere en su comentario[1] que Pedro tiene en mente 'los bríos de un niño amamantado'. Pedro parece estar diciendo que ahora que hemos estado probando el sabor, debemos desarrollar la sed.

La disciplina diaria es muy necesaria en la vida cristiana. William Temple, arzobispo de Canterbury durante la segunda guerra mundial, dijo ante una multitud de jóvenes:

> La lealtad del joven cristiano debe ser primero y ante todo hacia Cristo. Nada puede ocupar el lugar del tiempo diario de la comunión íntima con el Señor … de alguna manera háganse tiempo para esto y asegúrense de que sea algo auténtico.

Piedras

La segunda figura que elabora Pedro es la de *piedras vivas* (versículo 4–8). Pasa del mundo de la biología (el nacimiento y el crecimiento) al mundo de la arquitectura (piedras y edificios). Hemos estado en la maternidad observando al recién nacido sediento por la leche; ahora nos trasladamos afuera y observamos un edificio en construcción. Es un edificio construido con piedras y es fácil reconocer que se trata de una Iglesia, no en el sentido del edificio del templo que hoy conocemos sino de la iglesia del Dios vivo, el Pueblo de Dios. Las piedras que componen el edificio son personas, y Pedro las llama 'piedras vivas'.

Detengámonos un momento y regocijémonos de que en todo el mundo Dios está construyendo su Iglesia. Es verdad que resurgen otras creencias (antiguas y modernas), que el pensamiento secular hace incursiones en la Iglesia de Occidente, y que gobiernos y grupos hostiles la persiguen y la fuerzan a mantenerse en la clandestinidad. Pero la Iglesia sigue creciendo.

Más aun, nada puede destruir a la Iglesia de Dios. Jesús prometió que 'las puertas del reino de la muerte no prevalecerán' (Mateo 16.18). Es decir, la Iglesia tiene un destino eterno. Es indestructible. Piedra sobre piedra, el edificio sigue creciendo hasta que llegará el día en que la piedra principal será puesta en su lugar y la construcción estará completa.

¿Cómo nos unimos a la Iglesia? Nos unimos a la expresión exterior y visible de la Iglesia mediante el bautismo. Pero ¿cómo llegamos a ser miembros del Pueblo de Dios? Observe el versículo 4: hay que 'acercarse a él', a la Piedra Viva 'preciosa', es decir Jesucristo, la piedra que fue 'rechazada por los seres humanos', e incorporarse a una casa espiritual. En los versículos 6–8, Pedro reúne varios versículos del Antiguo Testamento (tomados de Jeremías y de Salmos) sobre el tema de las rocas y las piedras. Es significativo que luego las aplique a Cristo y no a sí mismo. No es Pedro la roca sobre la cual hemos de edificar nuestra vida: Cristo es la Piedra Viva rechazada por Israel pero elegida por Dios y preciosa para él.

¿Qué implica todo esto? Sin duda, que nos pertenecemos unos a otros. Así como los bebés necesitan leche a fin de las piedras necesitan cemento para mantenerse unidas unas a otras. Imagine el edificio: cada piedra está cementada a otras,

> **Nada puede destruir a la Iglesia de Dios; la iglesia tiene un destino eterno.**

y de esa manera forma parte de todo el edificio. No hay ninguna piedra suspendida en el aire. Cada piedra pertenece a la construcción y no puede ser desplazada de ella. Detengámonos un momento y reflexionemos, aplicando la enseñanza de Pedro a nosotros mismos. ¿Qué quiere decirnos Jesucristo? ¿Es él una piedra de tropiezo contra la cual nos caeremos y nos rasparemos las piernas? ¿O es él la piedra fundamental sobre la cual debiéramos construir nuestra vida?

Hace algunos años tuve la oportunidad de conocer y de hablar con el doctor Hobart Mowrer,[2] profesor emérito de psiquiatría en la Universidad de Illinois. En su momento fue una persona ampliamente conocida. Me dijo que no era cristiano, y que tenía con la Iglesia una pelea de enamorados. ¿Por qué? Según dijo, porque la Iglesia le había fallado cuando era joven y continuaba hasta la fecha fallándole a sus pacientes. Luego agregó: 'La Iglesia no aprendió nunca el secreto de ser una comunidad'. Esta fue su explicación. Es una de las críticas más condenatorias de la Iglesia que he escuchado. La Iglesia *es* comunidad, piedras vivas en el edificio de Dios.

Necesitamos recuperar la visión de una Iglesia caracterizada por la comunión, piedras vivas en el edificio de Dios. Además, hay una enorme necesidad de contar con cemento de mejor calidad.

Sacerdotes

Hasta aquí Pedro nos ha comparado con bebés recién nacidos que deben crecer, y con piedras vivas que tienen el deber de amarse y sostenerse unas a otras. Ahora llega a una tercera imagen en la cual nos compara con *sacerdotes consagrados* cuyo deber es el de adorar a Dios.

A muchos cristianos esta metáfora los sorprende, y hasta los conmociona. Sin embargo, no podemos esquivarla. Pedro escribe que Dios nos ha hecho 'sacerdocio santo' (versículo 5) y 'real sacerdocio' (versículo 9). ¿Qué habrá querido decir el apóstol?

En los tiempos del Antiguo Testamento los sacerdotes israelitas disfrutaban de dos privilegios exclusivos. En primer lugar, disfrutaban del acceso a Dios. El templo de Herodes estaba rodeado por la corte de los sacerdotes, de la cual estaban rigurosamente excluidos los laicos. Solo los sacerdotes estaban autorizados a entrar al interior del templo, y solo el sumo sacerdote podía entrar al Lugar Santísimo o santuario interior, y eso solamente el día de la expiación. Para confirmarlo, la ley prescribía la pena de muerte para cualquier intruso. Esto significaba que el acceso a Dios estaba restringido al sacerdocio y negado a los laicos.

El segundo de los privilegios disfrutado por los sacerdotes era el de ofrecer los sacrificios. Los laicos traían aquello que presentaban en sacrificio, y ponían sus manos sobre la cabeza de la víctima para identificarse con ella y transferir de manera simbólica su culpa a la víctima. Pero solo los sacerdotes estaban autorizados a realizar el sacrificio, a llevar a cabo el ritual de la muerte y a rociar la sangre. En tiempos del Antiguo Testamento, el acceso y el sacrificio eran los dos privilegios estrictamente reservados al sacerdocio.

Pero ahora, y por medio de Jesucristo, ha quedado abolida esta diferencia ente el clero y el pueblo. Los privilegios antes restringidos a los sacerdotes son ahora compartidos por todos, porque todos somos sacerdotes. La Iglesia completa es sacerdotal. Por medio de Cristo todos nosotros disfrutamos del acceso a Dios (tenemos la confianza de entrar en la santa presencia de Dios, Hebreos 10.19–22). Por medio de Cristo todos podemos ofrecer a Dios los sacrificios espirituales de nuestra adoración. Este es 'el sacerdocio de todos los creyentes que se recuperó en la Reforma'.

Por supuesto, todavía hay algunos cristianos que reciben el llamado para ser pastores, y en algunas iglesias (por ejemplo, la Iglesia Anglicana en Inglaterra) a algunos pastores se los llama 'sacerdotes'. Esto no se debe a que hayamos olvidado nuestro legado de la Reforma o que pretendamos un rol sacerdotal que se niegue a los laicos. Ocurre más bien porque en el inglés la palabra 'sacerdote' (como consigna cualquier diccionario) es una contracción de la palabra 'presbítero', con el significado de 'anciano', y no tiene connotación sacerdotal.

Por eso los anglicanos retuvieron en el siglo xvii la palabra 'sacerdote' en el Libro Común de Oración. Pero el término puede generar confusión, y por eso admiro la sabiduría de los líderes en la Iglesia en el sur de la India y en Pakistán, al asignar a las tres órdenes del ministerio los nombres de 'obispos, presbíteros y diáconos'.

Por qué se denomina a los discípulos cristianos 'sacerdocio santo', Pedro nos los dice en el versículo 5:

> Ustedes son como piedras vivas, con las cuales se está
> edificando una casa espiritual. De este modo llegan
> a ser un sacerdocio santo, para ofrecer sacrificios
> espirituales que Dios acepta por medio de Jesucristo.

Somos sacerdotes santos llamados a adorar a Dios. Pero ¿es eso todo? ¿Es la Iglesia una especie de gueto espiritual? ¿Hemos de quedar absorbidos en nuestra propia vida interior? ¿Son nuestras únicas actividades el crecimiento espiritual (como bebés), la comunión (como piedras en un edificio) y la adoración (ofreciendo a Dios los sacrificios espirituales de nuestra alabanza)? ¿Qué de los perdidos y del mundo en soledad que nos rodea? ¿No es motivo de nuestra preocupación?

Pueblo de Dios

Estas preguntas nos llevan a los versículos 9–10, en los cuales Pedro desarrolla una cuarta metáfora: 'Pero ustedes son linaje escogido, real sacerdocio, nación santa, pueblo que pertenece a Dios'.

Aquí el apóstol compara a la Iglesia con una nación o un pueblo, más aun, el Pueblo de Dios o su posesión. Lo fascinante de estas expresiones es ver de dónde las tomó Pedro. No las inventó sino que las encontró en Éxodo 19.5–6, donde Dios le dijo al Israel recién redimido de Egipto que, si guardaban su pacto obedeciendo sus mandamientos, serían para él una posesión atesorada (*segullah*), su nación entre todas las naciones de la Tierra, una nación santa.

En esta carta, con una audacia otorgada por el Espíritu Santo, Pedro toma estas palabras de Éxodo, donde se aplicaban a Israel, y ahora las aplica a la comunidad cristiana. Y a nosotros, seguidores de Jesús, hoy nos está diciendo que somos lo que Israel era: 'una nación santa', aunque ahora de carácter internacional.

¿Por qué eligió Dios a Israel? ¿Y por qué nos eligió a nosotros?

La respuesta no se encuentra en el favoritismo sino en su propósito de que seamos testigos; no para que disfrutemos un monopolio del evangelio, sino para que declaremos 'las obras maravillosas (o 'excelencias' o 'grandes obras') de aquel que [nos] llamó de las tinieblas a su luz admirable'.

Pedro continúa citando a Oseas, diciendo que en un tiempo:

> Ustedes antes ni siquiera eran pueblo,
> pero ahora son pueblo de Dios;
> antes no habían recibido misericordia,
> pero ahora ya la han recibido.

¡Es imposible reservar estas bendiciones solo para nosotros!

Extranjeros

Hasta aquí Pedro nos ha comparado con...

- bebés recién nacidos, con la responsabilidad de crecer

- piedras vivas, con la responsabilidad de la comunión

- sacerdotes santos, con la responsabilidad de la adoración

- pueblo de Dios, con la responsabilidad del testimonio

Pedro tiene todavía dos figuras más, e introduce la quinta metáfora en el versículo 11: 'Queridos hermanos, les ruego como a extranjeros y peregrinos en este mundo, que se aparten de los deseos pecaminosos que combaten contra la vida'. Las palabras griegas son interesantes. El término que se traduce 'extranjeros' se refiere a personas que no tienen derechos en el lugar donde viven, y el término 'peregrinos' habla de los que no tienen hogar.

¿Por qué describió Pedro a sus lectores con estas palabras? En parte porque lo eran, en sentido literal. Estaban dispersos por todo el imperio romano. Pertenecían a lo que se conoce como la 'diáspora' (1.1), en particular en las cinco provincias de Ponto, Galacia, Capadocia, Asia y Bitinia (actualmente Turquía). Pero además, estas palabras simbolizaban su condición espiritual. Ahora que habían vuelto a nacer, en el reino de Dios, se habían convertido de alguna manera en 'extranjeros y peregrinos en este mundo'. En consecuencia, ahora eran ciudadanos de dos naciones. Y debido a que su ciudadanía principal era en los cielos, estaban llamados a la santidad.

Este concepto de una 'ciudadanía' santa y celestial es una verdad riesgosa, porque puede ser fácilmente distorsionada. No cabe duda que a menudo ha sido mal usada, y se ha convertido en una excusa para abandonar nuestras responsabilidades terrenales. Carl Marx no estuvo del todo equivocado al decir que la religión es 'el opio de los pueblos', porque los impulsa a consentir las injusticias del *status quo*, con la promesa de que la justicia llegará en el mundo venidero.

Pedro se muestra cuidadoso al evitar esta distorsión de la verdad. Pasa directamente de nuestra condición de peregrinos al tema de nuestras obligaciones como ciudadanos de esta tierra. Enseguida diremos más sobre esto.

Siervos

La sexta metáfora de Pedro muestra a los discípulos como siervos responsables de Dios (versículos 12–17). Pedro alienta a sus lectores a vivir de manera piadosa entre los paganos para que ellos puedan ver sus buenas obras; los anima a someterse a las autoridades civiles, a hacer el bien y de esa manera silenciar la murmuración de los necios; a vivir como personas libres que no hacen mal uso de su libertad; y a la vez a vivir como esclavos de Dios y mostrar el respeto que le corresponde a cada uno: a los hermanos en la fe, a Dios y a las autoridades.

Sin embargo, a pesar de todas estas responsabilidades terrenales que le corresponden a un ciudadano responsable:

- someterse a las autoridades

- acallar las críticas

- hacer el bien

- respetar a todos

¡en primer lugar pertenecemos al cielo!

- Somos extranjeros y peregrinos en este mundo.

- Somos peregrinos en tránsito al hogar de Dios.

Esta realidad (la de nuestra ciudadanía celestial) desafía profundamente nuestras actitudes: hacia el dinero y las posesiones, ya que consideramos a la vida como un peregrinaje entre dos momentos de desnudez; hacia la tragedia y el sufrimiento, ya que las consideramos en la perspectiva de la eternidad; y especialmente hacia nuestra actitud ante la tentación y el pecado.

El versículo 11 elabora un contraste intencional entre 'deseos pecaminosos' y 'vida'. Nuestra vida está en tránsito hacia Dios. En consecuencia, debemos abstenernos de todo lo que pudiera obstaculizar su avance, y debemos llevar una vida santa en preparación para la santa presencia de Dios en el cielo.

Equilibrio

Quizás mis lectores se pregunten por qué titulé este capítulo con la única palabra 'Equilibrio'. Ahora debería quedar claro. Hemos seguido a Pedro en las seis metáforas con las que hace el retrato del discípulo. Repitámoslas:

- como bebés recién nacidos, se nos llama a crecer
- como piedras vivas, a la comunión
- como sacerdotes santos, a la adoración
- como pueblo de Dios, al testimonio
- como foráneos y extranjeros, a la santidad
- como siervos de Dios, a ser buenos ciudadanos.

Esta es una pintura completa, hermosa y equilibrada. Estas seis obligaciones parecen reunirse en tres pares, cada uno de los cuales muestra equilibrio.

En primer lugar, se nos llama tanto al discipulado individual como a la comunión grupal. Los bebés, aunque nacen en el seno de una familia, tienen su propia identidad. ¡Hasta los mellizos nacen uno por vez! Pero la función principal de las piedras que se utilizan en un edificio es la de formar parte de algo. Han rendido su individualidad en función del edificio. Su importancia no está en sí mismas sino en el conjunto. Por ese motivo necesitamos enfatizar tanto nuestras responsabilidades individuales como las comunitarias.

En segundo lugar, se nos llama tanto a la adoración como al trabajo. Como sacerdotes adoramos a Dios. Como pueblo de Dios, testificamos al mundo. La Iglesia es una comunidad que adora y testifica.

En tercer lugar, se nos llama tanto al peregrinaje como a ser ciudadanos responsables.

En cada par se busca el equilibrio, y no debemos enfatizar un elemento a expensas de otro. En consecuencia somos discípulos en forma individual y miembros de iglesia, personas que adoran y testifican, peregrinos y ciudadanos.

Casi todas nuestras fallas surgen de la facilidad con la que olvidamos nuestra identidad completa como discípulos. Nuestro Padre celestial nos dice constantemente lo que el rey Jorge V le decía una y otra vez al príncipe de Gales: 'Querido hijo, debes recordar siempre quién eres; porque si recuerdas tu identidad, te comportarás en coherencia'.

Notas

[1] *The First Epistle of St Peter*, Macmillan, 1961, 2ª edición.

[2] Orval Hobart Mowrer, 1907–82.

7
Dependencia

OS TEÓLOGOS ASÍ LLAMADOS 'SECULARES' DE LA década de 1960 sostenían con audacia que la humanidad había alcanzado la madurez y que estábamos en condiciones de dejar a Dios de lado. Esta impresionante declaración tuvo corta duración, porque la verdad es que somos pecadores que dependemos de Dios para recibir misericordia y gracia constante. Precisamente es la pretensión de vivir sin él lo que constituye el pecado. Además, nos necesitamos unos a otros.

Permíteme compartir contigo una experiencia reciente que puso en evidencia mi debilidad y mi dependencia. Un domingo por la mañana, el 20 de agosto de 2006, yo debía predicar en la iglesia All Souls, en Langham Place, Londres. Estaba guardando ropa limpia, y entonces tropecé sobre la pata de una silla giratoria, y caí entre mi cama y la biblioteca. Supe de inmediato que me había dislocado la cadera, porque no me podía mover y mucho menos ponerme de pie. Por lo menos fui capaz de oprimir el botón de pánico que llevaba puesto, y mis buenos amigos vinieron de inmediato a auxiliarme.

Hugh Palmer, párroco de All Souls, encontró las notas de mi sermón y de alguna manera se las arregló para predicarlo. Más tarde me di cuenta de lo apropiado del texto. Había preparado una exposición sobre el Padre Nuestro[1], que contiene seis peticiones: tres de ellas expresan nuestra pasión por la gloria de Dios (su nombre, su reino, y su voluntad), seguida por tres que expresan nuestra dependencia de su gracia (para el pan de cada día, el perdón de nuestros pecados, y la liberación del mal). Hacía tiempo que pensaba que la segunda parte del Padre Nuestro es una síntesis de nuestro discipulado: nuestro interés por la gloria de Dios y nuestra dependencia de su misericordia. La dependencia es una actitud fundamental que debemos mostrar todos nosotros cada vez que pronunciamos el Padre Nuestro.

En el momento en que el sermón sobre la dependencia se estaba predicando, al menos de una manera parcial yo lo estaba ilustrando. En un lapso asombrosamente breve me habían trasladado, inerte, desde el piso a una camilla, de la camilla a una ambulancia, de la ambulancia a la cama de hospital y de la cama a la sala de cirugía. Cuando desperté me sentí agradecido por el reemplazo de la cadera, y con el tiempo he podido rehabilitarme.

A medida que avancemos en este capítulo, por favor no olvide mi experiencia de estar tendido en el piso, completamente dependiente de otras personas. Así es como, de vez en cuando, necesitan estar los discípulos radicales. Creo que la dependencia a la que nos someten algunas experiencias puede ser usada por Dios para hacernos crecer en madurez.

Hay otro aspecto de la dependencia que fue nuevo para mí, y que estoy tentado a pasar por alto, pero mis queridos amigos me han insistido que no lo oculte. Se trata de la debilidad emocional que la enfermedad física a veces saca a la superficie, y se expresa en la forma del llanto.

No soy naturalmente una persona llorona, y en general se me considera fuerte, no débil; me eduqué en el colegio Rugby, una de esas escuelas consideradas 'públicas', en las que se supone que serás enseñado en la filosofía de no mostrar las emociones, y en lugar de ello apretar firmemente los labios.

Pero después leí los evangelios y descubrí que mencionan dos ocasiones en las que Jesús lloró en público: una de ellas sobre la ciudad impenitente de Jerusalén (Lucas 19.41), y otra junto a la tumba de Lázaro (Juan 11.35).

Entonces, si Jesús lloró, es posible que sus discípulos también lo hagan.

¿Por qué habría de llorar yo? No me enfrentaba con la muerte ni con la falta de perdón. ¿Estaba sintiendo lástima de mí mismo ante la perspectiva de una lenta reposición de la salud? ¿Estaba lamentando mi caída y mi fractura? ¿Estaba comenzando a darme cuenta del fin de mi ministerio público? No, en realidad no tuve tiempo de ordenar mis pensamientos.

Tuve una experiencia similar de llanto con mi amigo John Wyatt, profesor de Ética y Perinatología en el hospital escuela en Londres, un hombre conocido por su defensa de la condición sagrada de la vida humana en los debates públicos sobre aborto y eutanasia. Cuando me visitó en el hospital, compartimos nuestras experiencias sobre la debilidad y la dependencia, y a ambos nos brotaron las lágrimas. Así fue cómo lo describió él:

> En los primeros días que siguieron a la cirugía, John Stott estaba preocupado por los episodios de desorientación y las alucinaciones visuales vívidas y alarmantes. Se sumaba a la situación la inevitable incomodidad y pudor durante la atención de enfermería, y la preocupación respecto al futuro. Mientras conversamos en el hospital, recordé mi propia experiencia algunos años antes, de una enfermedad grave, y la confusión que la acompañó. Recuerdo que ambos lloramos, dominados por una poderosa percepción de la vulnerabilidad y fragilidad humana que compartíamos. Fue una experiencia dolorosa pero liberadora.

Tuve una segunda experiencia semejante a aquella, y esta vez la describe Sheila Moore, mi amiga y fisioterapeuta. Dice lo siguiente:

Poco después de volver a su casa convaleciente, John acababa de sentarse a descansar en una silla cuando de pronto se estremeció y suspiró profundamente. Lo miré para ver si se sentía mal, y me di cuenta de que las lágrimas le fluían libremente. Estaba experimentando una asombrosa liberación de las presiones emocionales y de los desafíos que significaban los sucesos recientes, a los que se había enfrentado pacientemente, en su condición de 'paciente'.

En un momento tan profundo no hay palabras que se puedan decir, solo empatía y una mano firme de consuelo sobre su hombro. A medida que fue calmándose la emoción, le aseguré que lo que le ocurría no era algo inusual en esas circunstancias, y que las lágrimas son una forma valiosa de liberarse y una ayuda para sanar.

La experiencia 'excepcional' ocurrió de manera repentina, como algo sorpresivo que produjo cierto shock y dolor emocional. Esas experiencias pueden ser difíciles de entender, especialmente para los hombres, que tienden a considerarlas indignas. Sin embargo, si se las enfrenta con honestidad, pueden ser de enorme alivio. Sería valioso considerar esos momentos como una preparación que Dios nos da para los cambios que la vida nos depara, y como un regalo especial de Dios.

Permítame compartir otra ilustración.

El hombre que me condujo a Cristo cuando estaba completando mis estudios en el colegio Rugby fue el reverendo

E. J. H. Nash, conocido por sus muchos amigos como 'Bash'. Era un hombre de notable compromiso cristiano, que tenía la visión definida de ganar para Cristo a los muchachos de las escuelas públicas de primer nivel. Tuvo un considerable éxito en su tarea mediante campamentos y fiestas en las casas. A pesar de su éxito en el ministerio, no mostraba arrogancia. Por el contrario, todos los que lo conocían hacían comentarios sobre su humildad, y los que llegamos a ser sus amigos sentíamos curiosidad por descubrir su secreto. Aunque era reticente para hablar al respecto, me lo compartió.

Bash y yo viajábamos una vez juntos en tren, y me contó sobre su juventud. Cuando tenía unos veinte años, lo afectó una enfermedad grave. En un momento pensó que estaba al borde de la muerte. Estaba tan débil que apenas se podía mover. No podía comer solo y le daban el alimento a cucharadas. Me comentó que fue para él una experiencia de completa dependencia, y a la vez de humillación. La humillación, dijo al concluir, fue el camino a la humildad. Habiendo sondeado las profundidades de la impotencia absoluta, le era imposible escalar el monte de la autoconfianza.

Esta verdad fue confirmada unos años más tarde por Michael Ramsey, arzobispo de Canterbury.

Al hablar ante un grupo de personas en vísperas de ser ordenadas, eligió en una ocasión el tema de la humildad, e incluyó los siguientes consejos:

Agradezcan a Dios, a menudo y siempre ... Agradezcan a Dios, en detalle y asombrados por sus constantes privilegios ... La gratitud es un terreno en el que la soberbia no crece con facilidad.

Sean responsables en cuanto a la confesión de sus pecados. Asegúrense de ser críticos consigo mismos en la presencia de Dios:

ese es el autoexamen. Sométanse a la crítica divina: esa es su confesión.

Estén preparados para aceptar humillaciones. Pueden doler terriblemente, pero ayudan a que nos mantengamos humildes. Puede haber humillaciones triviales. Acéptenlas. Puede haber humillaciones más grandes... Todas ellas pueden ser oportunidades para acercarnos un poco más a nuestro Señor, humilde y crucificado.

No se preocupen acerca del estatus ... hay un solo estatus por el que el Señor nos ordena preocuparnos, y es el de estar próximos a él.

Utilicen su sentido de humor. Ríanse acerca de las cosas, acerca de los absurdos de la vida, acerca de sí mismos, y acerca de sus propios disparates. Todos nosotros somos criaturas infinitamente pequeñas y ridículas en el universo de Dios. Deben ser serios, pero nunca solemnes, porque si se muestran solemnes sobre algún asunto, corren el riesgo de volverse solemnes respecto a ustedes mismos.[2]

La negativa a depender de otros no es una marca de madurez sino de inmadurez. Un buen ejemplo es el de la película 'Conduciendo a Miss Daisy', basada en el guión de Alfred Uhry, que obtuvo el premio Pulitzer.

Aunque hay una trama subyacente acerca de la tensión racial, el argumento principal es la relación sicológica que se va construyendo entre los dos personajes principales, Miss Daisy, una viuda testaruda de 72 años, y su chofer afroamericano, Hoke.

La acción comienza cuando Miss Daisy choca su auto por poner el pie sobre el acelerador en lugar del freno. Su hijo, Boolie, le dice que ninguna compañía asegurará el auto, y que debe contratar un chofer. Ella se niega pero el hijo persevera hasta que finalmente contrata a Hoke, quien ha sido chofer de un juez en la localidad hasta su muerte.

Al principio ella no quiere tener trato alguno con Hoke. En una ocasión exclama con brusquedad '¡No te necesito, no te quiero, no me caes bien!'. Pero poco a poco, a medida que Miss Daisy y Hoke pasan tiempo juntos, aumenta el aprecio entre ellos, y años más tarde ella le dice: 'Eres mi mejor amigo. De verdad'. Y le toma la mano.

La película termina mientras se celebra el día de Acción de Gracias en el hogar para mayores donde ahora vive Miss Daisy. Boolie y Hoke están de visita, pero ella insiste en monopolizar a Hoke. Él advierte que ella no ha probado todavía el pastel, y cuando Miss Daisy intenta levantar el tenedor, con suavidad Hoke toma el plato y el tenedor. 'Permítame ayudarla', le dice. Corta una pequeña porción y se la da a comer con delicadeza. Ella se muestra complacida. Lo encuentra sabroso. Él le da otra porción. Y otra.

La película registra el proceso de cambio en la relación entre Miss Daisy y Hoke. Cuando llegamos al final de la película, Hoke tiene 85 años y Miss Daisy 97.

Nuestra relación con otros puede continuar cambiando siempre. El fallecido doctor Paul Tournier (1898–1986), renombrado médico y psicoterapeuta suizo que alcanzó la fama con su libro *El personaje y la persona*[3] aplicó su línea de pensamiento al escribir otro de sus libros, *Aprendiendo a envejecer*[4]:

> Se nos llama a ser más personales, a convertirnos en personas, a que afrontemos la vejez con todos nuestros recursos personales …

> Nuestra sociedad ha puesto los objetos por encima de las personas; nuestra civilización es una civilización

de cosas y no de personas. Los jubilados son objetos de desprecio porque son seres desnudos, que solo valen en tanto personas y ya no por su capacidad de producir ...

En la vejez ..., el individuo posee el tiempo y los conocimientos necesarios para ejercer un verdadero ministerio de la relación personal.

La dependencia no es la única actitud apropiada que debe desarrollar un discípulo radical. Hay ocasiones y momentos en los que se nos pide exactamente lo contrario, es decir, mostrar independencia en lugar de dependencia. Myra Chave–Jones, en gran medida responsable en la década de 1960 de la fundación de *Care and Counsel* [Cuidado y consejo], un servicio de consejería cristiana en Londres, escribió que la tensión entre dependencia e independencia 'es una de las curvas de aprendizaje más empinadas de la vida'.

Jesús enseñó que la dependencia crece a medida que crecemos. Después de su resurrección le dijo a Pedro:

Cuando eras más joven te vestías tú mismo e ibas adonde querías; pero cuando seas viejo, extenderás las manos y otro te vestirá y te llevará adonde no quieras ir.

Juan 21.18

Juan nos dice que las palabras de Jesús eran una referencia específica a Pedro y a la manera en la que moriría, pero encierran un principio de aplicación más amplia en cuanto a la vejez.

Entonces, aunque la independencia es lo apropiado en algunas circunstancias, sigo pensando en la dependencia como la actitud característica del discípulo radical. Tomo de John Wyatt (a quien ya mencioné) una elocuente expresión sobre la prioridad de la dependencia: 'El propósito de Dios es que seamos dependientes'.

Llegamos a este mundo en una condición de total dependencia del amor, el cuidado y la protección de otros. Pasamos por una etapa de la vida en la que otros dependen de nosotros. Y la mayoría de nosotros nos iremos de este mundo dependiendo del amor y cuidado de otros. Esta no es una realidad malvada y destructiva. Es parte del propósito, un aspecto de la naturaleza física con la que Dios nos creó.

A veces escucho hablar a la gente mayor, incluso a cristianos que deberían entender mejor las cosas, cuando dicen: 'No quiero ser una carga para nadie. Me gusta la idea de vivir tanto tiempo como sea posible mientras pueda valerme por mí mismo, pero en cuanto me vuelva una carga, preferiría morir'. Este es un error. Todos hemos sido diseñados para ser una carga para otros. Usted fue diseñado para serme una carga y yo fui diseñado para serle una carga. La vida de la familia, incluso la vida de la familia de la iglesia local, debería serla de 'una mutua carga'. 'Ayúdense unos a otros a llevar sus cargas, y así cumplirán la ley de Cristo' (Gálatas 6.2).

> **Todos hemos sido diseñados para ser una carga para otros.**

Cristo toma sobre sí la dignidad de la dependencia. Nace como un bebé, totalmente dependiente del cuidado de su madre. Necesitaba ser alimentado, necesitaba que le limpiaran la cola, necesitaba que lo levantaran cuando se caía. Y sin embargo nunca perdió su dignidad divina. Y al final, en la cruz, volvió a ser totalmente dependiente, con sus miembros extendidos y clavados, sin posibilidad de moverse. De modo que en la persona de Cristo aprendemos que la dependencia no puede privar a una persona de su dignidad ni de su valor supremo. Si la dependencia fue apropiada para el Dios del universo, sin duda es apropiada para nosotros.

Notas

1. Mateo 6:9–13; Lucas 11:2–4.
2. *The Christian Priest Today* (SPCK 1972, edición revisada en 1985), capítulo 11, 'Divine Humility', pp. 79–91.
3. Publicaciones Andamio, Barcelona, 1996.
4. Editorial Clie, 2003.

8

La muerte

L A OCTAVA Y ÚLTIMA CARACTERÍSTICA DEL discípulo radical que he elegido es la muerte. Permítame explicarlo. El cristianismo ofrece vida: vida eterna, vida plena. Pero a la vez deja en claro que el camino a la vida es la muerte. Lo subraya en por lo menos seis áreas, como mostraré a lo largo de este capítulo. La vida que llega a través de la muerte es una de las paradojas más profundas tanto en la fe cristiana como en la vida cristiana.

Los seres humanos se han sentido siempre fascinados tanto por la vida como por la muerte. No hay duda de que estamos vivos y que moriremos. La vida y la muerte son dos hechos indiscutibles que debemos enfrentar. Pero también son un misterio y son difíciles de definir.

Quisiera dar un ejemplo a partir de un campo de experiencia que me interesa, la ornitología.

Roger Tory Peterson, fallecido en 1997, era el decano de los observadores y artistas de aves del siglo xx en los Estados Unidos. Solía comentar cómo había comenzado: caminando por el campo cuando tenía 11 años divisó un tipo de pájaro carpintero. Parecía apenas un puñado de plumas marrones aferrado al tronco de un roble.

Lo toqué con cautela. Al instante, esa cosa inerte giró la cabeza, me miró asustado, y luego estalló como un rayo de plumas doradas y huyó hacia el bosque. Fue como una resurrección: lo que parecía estar muerto, en realidad estaba muy vivo. Desde entonces, las aves siempre me han parecido la expresión más indiscutible de vida.[1]

En otro lugar Peterson describió aquel como 'el momento crucial de mi vida'. 'Me sentí abrumado,' dijo, 'por el contraste entre algo repentinamente tan vital que yo había tomado por muerto'.[2]

Sin embargo, mi enfoque en este capítulo no es el de la vida y la muerte en la naturaleza, sino la muerte y la vida en Cristo. La perspectiva bíblica radical es considerar a la muerte no como el fin de la vida sino como la entrada en ella.

Lo que hace la Escritura es poner ante nosotros las glorias deseables de la vida, y después insistir en que la condición indispensable para experimentarlas es la muerte. Dicho en pocas palabras, la Biblia nos promete vida por medio de la muerte, y no hay otra manera de llegar a ella. Por eso el apóstol Pablo describe a los cristianos 'como quienes han vuelto de la muerte a la vida' (Romanos 6.13). Esta perspectiva difiere a tal punto de los supuestos de la mente no religiosa, es tan novedosa, tan revolucionaria en sus consecuencias, que necesitamos verla ilustrada en las seis situaciones diferentes en las que opera, según el Nuevo Testamento.

La salvación

En primer lugar, consideremos la muerte y la vida en relación con la salvación. La salvación se representa a menudo en términos de vida. Pablo escribió que el don de Dios es la vida eterna (Romanos 6.23), y Juan explicó que aquellos que tienen al Hijo tienen la vida (1 Juan 5.12). También deja en claro que el rasgo distintivo de esta vida no es su eternidad sino su calidad, como vida en un tiempo nuevo. La vida eterna es la vida en comunión con Dios (Juan 17.3).

La única manera de entrar en la vida es la muerte. La razón es clara. Se debe a que el obstáculo para la comunión con Dios es el pecado, y 'la paga del pecado es muerte' (Romanos 6.23). A lo largo de la Biblia el pecado y la muerte están unidos entre sí como la ofensa y su justo castigo. Pero si tuviéramos que morir por nuestros pecados, ese sería nuestro fin. La vida sería imposible.

Entonces Dios vino a nosotros en Jesucristo. Tomó nuestro lugar, cargó nuestro pecado, y murió nuestra muerte. Nosotros habíamos pecado. Nosotros merecíamos morir. Pero él murió por nosotros. La simple declaración 'Cristo murió por los pecados' es suficiente. Él no tenía pecado por el que debiera morir; murió por los nuestros.

Sin embargo su muerte no nos es de ningún bien a menos que reclamemos su beneficio. Por fe en forma interior y por el bautismo como expresión exterior quedamos unidos a Cristo en su muerte y su resurrección. Hemos muerto y resucitado con él. Por lo tanto ahora debemos '[considerarnos] muertos al pecado, pero vivos para Dios en Cristo Jesús' (Romanos 6.11): no debemos pretender que somos inmunes al pecado porque sabemos que no lo somos, sino reconocer y recordar el hecho de que, al ser uno con Cristo, nos alcanzan los beneficios de su muerte. Estamos 'vivos para Dios', por medio de su muerte.

Discipulado

El mismo principio de la vida por medio de la muerte opera en el discipulado. Jesús utilizó este expresivo simbolismo:

Entonces llamó a la multitud y a sus discípulos:
—Si alguien quiere ser mi discípulo —les dijo—, que se niegue a sí mismo, lleve su cruz y me siga. Porque el que quiera salvar su vida, la perderá; pero el que pierda

su vida por mi causa y por el evangelio, la salvará.

Marcos 8.34–35

Si hubiéramos vivido en Palestina bajo la ocupación romana, y hubiéramos visto a un hombre cargando una cruz, o por lo menos el *patibulum* o el travesaño, no hubiéramos tenido que preguntarle qué estaba haciendo. Hubiéramos reconocido de inmediato que se trataba de un criminal condenado camino a su ejecución, ya que los romanos obligaban a los sentenciados a muerte a cargar su cruz hasta el sitio de la crucifixión.

Esta era la representación dramática que Jesucristo usó para referirse a la autonegación. Si seguimos a Jesús, hay un solo lugar al que podríamos estar yendo: la muerte. Como escribió Dietrich Bonhoeffer en *El costo del discipulado:*[3] 'Cuando Cristo llama a un hombre, lo invita a morir'; más aun, según Lucas debemos tomar nuestra cruz cada día (Lucas 23), y si no lo hacemos no podemos ser sus discípulos (Lucas 14.27).

Esta enseñanza choca frontalmente con la Corriente del Potencial Humano, y con el movimiento de la Nueva Era, que se trepó al tren del primero. Carl Rogers enseñó que los seres humanos no se caracterizan por la patología (como enseñó Freud) sino por el potencial, y Abraham Maslow enfatizó la necesidad de la realización personal. Las palabras de Jesús sobre 'salvarse' y 'perder la vida', si bien puede aplicarse al martirio, no necesariamente se restringen a él. Nuestra 'vida' es nuestra *psuche,* nuestro yo, y entre otras traducciones de este término se usa la forma reflexiva: 'sí mismo'. Podríamos parafrasear así el versículo de Lucas 9.24: 'El que quiera aferrarse a su vida por su propio beneficio, se perderá a sí mismo y perderá su vida. Pero el que esté dispuesto a morir, a perderse a sí mismo, a entregarse por completo al servicio de Cristo y su evangelio, en algún momento (en el abandono total) se encontrará a sí mismo, y descubrirá su verdadera identidad'. En efecto, Jesús sí promete el descubrirse a sí mismo, aunque al precio de la autonegación; la vida verdadera al precio de la muerte.

Esta enseñanza de Jesús fue desarrollada más tarde por el apóstol Pablo. En Gálatas declaró que había sido crucificado con Cristo (2.20), y que aquellos que pertenecen a Cristo han crucificado su naturaleza caída con todas sus pasiones y deseos (5.24). En esto consiste la 'mortificación', es decir, en repudiar y condenar a muerte a nuestra naturaleza caída y autocomplaciente. La definición más clara que da de esto el apóstol Pablo se encuentra en Romanos 8.13:

> Porque si ustedes viven conforme a ella, morirán;
> pero si por medio del Espíritu dan muerte a los malos
> hábitos del cuerpo, vivirán.

Este es un versículo que traza un contraste definido entre la vida y la muerte. Declara que hay un tipo de vida que en realidad conduce a la muerte, y que también hay una clase de muerte que en realidad conduce a la vida. De modo que si queremos vivir una existencia de verdadera realización, debemos condenar a muerte (rechazar radicalmente) todo lo malo. Como escribió Martyn Lloyd–Jones:

> Estoy cada vez más convencido de que la mayoría de
> la gente encuentra difícil practicar la vida cristiana
> debido al hábito de mimarse cobardemente en el
> terreno espiritual.[4]

A la inversa, si rechazamos lo malo, viviremos. La única manera de alcanzar la plenitud de vida es morir, o mejor aun, condenar a muerte y hasta crucificar (lo cual significa una renuncia total) a nuestra naturaleza autoindulgente y a todos sus deseos.

El puritano John Owen enfatizó este concepto en su tesis *The Mortification of Sin in Believers* (La mortificación del pecado) de 1656. Escribió: 'El odio al pecado como pecado, no simplemente como una molestia o un desasosiego ... reside en la base de la mortificación espiritual genuina' (capítulo 8). Es fundamental hacerle guerra o combatir el pecado que mora en nosotros y no hacer ningún acuerdo con él. Debemos evitar 'el gran mal de declararnos la paz a nosotros mismos sin fundamento alguno' (capítulo 13). Esa mortificación minuciosa solo es posible por medio del Espíritu Santo. 'Es más fácil que alguien pueda ver aunque no tenga ojos o que pueda hablar sin tener lengua, a que sea capaz de mortificar un solo pecado sin la ayuda del Espíritu' (capítulo 7).

Misión

El tercer ámbito en el que se aplica el principio de la vida por medio de la muerte es la misión. Aunque el sufrimiento es un aspecto indispensable de la misión, con frecuencia se lo pasa por alto. En consecuencia debemos comprender su base bíblica antes de considerar algunos ejemplos notables.

Veamos el maravilloso perfil del siervo del Señor, en Isaías capítulo 42–53. Este siervo recibe el llamado de llevar la luz de la salvación a todas las naciones, pero antes deberá soportar la burla y la persecución. Antes de poder 'rociar a muchas naciones' será despreciado y rechazado, y derramará su vida hasta la muerte.

En su libro *Yes to Mission* (Sí a la misión), Douglas Webster hizo una elocuente exposición sobre este tema:

Tarde o temprano la misión conduce a la pasión. En las categorías bíblicas ... el siervo debe sufrir ... esto es lo que hace efectiva a la misión ... Toda forma de misión conduce a alguna forma de crucifixión. El diseño esencial de la misión tiene la forma de una cruz. Solo podemos entender la misión en términos de la Cruz...[5]

Jesús se reconoció a sí mismo con nitidez como el cumplimiento de la profecía del Siervo sufriente, y se refirió al papel necesario que tiene el sufrimiento en la misión del siervo. Cuando una delegación de griegos se acercó a Felipe, diciéndole que querían ver a Jesús, este respondió:

> Ha llegado la hora de que el Hijo del hombre
> sea glorificado ... Ciertamente les aseguro que si
> el grano de trigo no cae en tierra y muere, se queda
> solo. Pero si muere, produce mucho fruto. El que
> se apega a su vida la pierde; en cambio, el que aborrece
> su vida en este mundo, la conserva para la vida eterna.
>
> Juan 12.23–25

Una vez más, aunque ahora en el contexto de la misión más que en el discipulado, Jesús utiliza los términos de vida y muerte, y subraya que la muerte es el camino a la vida. Solo mediante su muerte podría el evangelio extenderse hacia el mundo de los gentiles. La muerte es el camino para dar fruto. A menos que muera, la semilla permanece solitaria. Pero si muere, se multiplica. Así lo fue para el Mesías, y así lo es para la comunidad del Mesías, ya que 'quien quiera servirme, debe seguirme' (Juan 12.26).

La base bíblica del sufrimiento para la misión estaría incompleta si no hiciéramos referencia al apóstol Pablo. Piense en su extraordinaria afirmación:

> Así que la muerte actúa en nosotros,
> y en ustedes la vida.   2 Corintios 4.12

El apóstol se atreve a declarar que por medio de su muerte otros encontrarán la vida. ¿Está loco? ¡No! ¿Lo dice de verdad? ¡Sí! Por supuesto, no se trata de que su propio sufrimiento y su muerte produzcan salvación, como es el caso con el sufrimiento y la muerte de Jesucristo. Más bien significa lo siguiente: la gente recibe vida por medio del evangelio, y aquellos que predican el evangelio con fidelidad sufren por ello. Pablo sabía de qué estaba hablando. Proclamaba la buena noticia de que la salvación está disponible para judíos y gentiles sobre las mismas condiciones: solo por fe. Esto provocó una oposición fanática de parte de los judíos, de modo que no resulta exagerado decir que los gentiles, por su salvación, quedaron en deuda a la disposición del apóstol de predicarlo con fidelidad y de sufrir por hacerlo. Estaba dispuesto a morir a fin de que ellos vivieran.

La historia de la iglesia cristiana está engalanada por los valientes misioneros que arriesgaron su vida por el evangelio y pudieron ver el crecimiento de la iglesia como una consecuencia. Mencionaré solo dos ejemplos: uno en un contexto individual, el otro en relación con toda una nación.

El individuo es Adoniram Judson, de Birmania (actualmente Myanmar). Cuando le propuso casamiento a su esposa Ana, le dijo: 'Pido tu mano para que vayas conmigo a las selvas en Asia, y para que mueras allí conmigo por la causa de Cristo'. Llegaron a Rangoon en 1813 y se sumergieron de inmediato en la lengua y la cultura birmana. Solo seis años después Adoniram se sintió en condiciones de predicar su primer sermón, y solo siete años más tarde tuvieron al primer convertido. Le llevó veinte años traducir la Biblia completa al birmano. También escribió folletos, un catecismo, una gramática, y un diccionario inglés–birmano, que todavía se utiliza.

Vivió tremendos sufrimientos. Enviudó dos veces y perdió a seis de sus hijos a lo largo de su vida. Él y su familia vivieron constantemente plagados por las enfermedades. Durante la guerra anglo–birmana estuvo sospechado de ser un espía y pasó casi dos años en la cárcel soportando las cadenas, el calor y la suciedad. A lo largo de treinta y siete años de servicio misionero, volvió una sola vez a su hogar en los Estados Unidos. Sin embargo, como resultado de 'su muerte y su entierro' en el suelo birmano, dio mucho fruto. Cuando él y Ana llegaron al país, en 1813, ese primer domingo compartieron entre sí la Cena del Señor porque no había otros cristianos que pudieran invitar a la mesa. Cuando murió treinta y siete años más tarde en 1850, dejaba a 7000 creyentes bautizados, en 36 iglesias, en Birmania y Kayin. En la actualidad hay más de 3 millones de cristianos en Birmania.

Mi segundo ejemplo se refiere al enorme país de China. Cuando estuvo bajo el dominio comunista y todos los misioneros extranjeros debieron salir del país, se calcula que había aproximadamente un millón de cristianos protestantes. Se estima que actualmente alcanzan a 70 millones.[6] ¿Cómo se puede explicar esto? Tony Lambert escribió lo siguiente:

> La explicación del crecimiento de la iglesia en China
> y de la explosión de avivamiento espiritual genuino
> en muchos terrenos está inextricablemente ligada
> a la teología de la cruz … el asombroso mensaje de
> la Iglesia China es que Dios utiliza el sufrimiento y
> la predicación de un Cristo crucificado para derramar
> avivamiento y edificar a su Iglesia. Los que vivimos
> en Occidente, ¿estamos todavía dispuestos a oír? …
> la Iglesia china … ha caminado por el sendero de la
> cruz. La vida y la muerte de los mártires en las décadas
> de 1950 y 1970 ha dado abundante fruto. [7]

La muerte a la que se nos llama como la condición para llevar fruto puede ser menos dramática que el martirio. Sin embargo es una muerte real, especialmente para los misioneros transculturales. Puede significarles la muerte a la comodidad y al bienestar, y la separación de su hogar y de sus parientes. O bien la muerte a la ambición personal, ya que renuncian a la tentación de trepar en la carrera profesional a cambio de sentirse satisfechos en el humilde ministerio del siervo; o la muerte al imperialismo cultural, negándose a exaltar la cultura heredada (pese a ser parte de su identidad), para identificarse en cambio con la cultura que ahora han adoptado. En estas y en otras maneras podemos ser llamados 'a morir', como condición de una vida fructífera.

Persecución

El cuarto ámbito donde encontramos la muerte como camino a la vida es la persecución física.

Una vez más nuestro ejemplo notable es el apóstol Pablo. Pocos cristianos sufrieron como él: fue azotado, apedreado, encarcelado, linchado, y sufrió el naufragio. Fue tan extremo el trato brutal que recibió, que a veces lo describió como una especie de 'muerte' y a su liberación como una especie de 'resurrección'. 'Cada día muero', escribió en medio del grandioso capítulo sobre la resurrección (1 Corintios 15.31), en el sentido de que estaba continuamente expuesto al riesgo de la muerte. Esta es su declaración completa:

> Hermanos, no queremos que desconozcan las aflicciones que sufrimos en la provincia de Asia. Estábamos tan agobiados bajo tanta presión, que hasta perdimos la esperanza de salir con vida: nos sentíamos como sentenciados a muerte. Pero eso sucedió para que no confiáramos en nosotros mismos sino en Dios,

que resucita a los muertos. Él nos libró y nos librará
de tal peligro de muerte. En él tenemos puesta nuestra
esperanza, y él seguirá librándonos.   2 Corintios 1.8–10

No podemos pretender que todos los cristianos perseguidos
sean una y otra vez rescatados de la muerte, como ocurrió
con Pablo. A los cristianos no se les promete inmunidad ni
liberación. Sin embargo, en medio de la muerte podemos
experimentar la vida.

Dondequiera que vamos, siempre llevamos en nuestro
cuerpo la muerte de Jesús, para que también su vida se
manifieste en nuestro cuerpo. Pues a nosotros, los que
vivimos, siempre se nos entrega a la muerte por causa
de Jesús, para que también su vida se manifieste en
nuestro cuerpo mortal.   2 Corintios 4.10–11

Esta afirmación extraordinaria declara que podemos experimentar en forma simultánea la muerte y la vida de Jesús.
Observemos que el sustantivo 'cuerpo' y el adverbio 'siempre'
se repiten en los versículos 10 y 11. Estamos siempre compar-
tiendo en nuestro cuerpo la muerte y la vida de Jesús. Aun
cuando estemos afectados físicamente, y conscientes de nuestra mortalidad, podemos recurrir a la vitalidad espiritual de
Jesús. Aún antes de que llegue nuestra resurrección podemos
experimentar la vida resucitada de Jesús. Por eso estamos
'moribundos, pero aún con vida' (2 Corintios 6.9).

Cualquiera haya sido la espina en la carne que sufría Pablo
(algunos creen que se trataba de una enfermedad, otros de la
persecución) sin duda se trataba de algún tipo de problema
físico. Y aunque Pablo clamaba ser liberado de ella, en lugar
de ello se le prometió el poder de Cristo en su debilidad. Sin
duda la verdad esencial de las cartas de Pablo a la iglesia en

Corinto es que encontramos poder en medio de la debilidad, gloria por medio del sufrimiento, y vida por medio de la muerte.

Al fin, Pablo no fue liberado sino ejecutado. Selló su testimonio con su sangre. En el último libro de la Biblia se le advierte al pueblo de Dios sobre la persecución y el martirio. A la iglesia de Esmirna Jesús le dijo:

> No tengas miedo de lo que estás por sufrir ... Sé fiel
> hasta la muerte, y yo te daré la corona de la vida.
>
> Apocalipsis 2.10

El doctor Paul Marshall, del Instituto de Estudio Cristiano en Toronto, escribe en su libro *Their Blood Cries Out* (Su sangre clama), sobre 'la tragedia contemporánea de cristianos en todo el mundo que mueren por causa de su fe'. Calcula que alrededor de 200 millones de cristianos en distintos lugares del mundo viven cada día atemorizados por la policía secreta en los regímenes de represión. En más de sesenta países los cristianos sufren hostigamiento, abuso, cárcel, tortura, y hasta ejecución por causa de su fe. Sin embargo, 'a pesar de la persecución, el cristianismo está creciendo rápidamente en el mundo'.[8]

Martirio

Observe que en mi análisis del tema de 'vida por medio de la muerte' estoy separando el martirio de la persecución. Esto no se debe a que no haya captado que las dos realidades se superponen (porque en efecto lo hacen) sino porque, según las Escrituras, a los mártires les está reservado un honor especial en el nuevo mundo (ver Apocalipsis 9.4).

Comienzo esta sección presentando al doctor Josif Ton, un seguidor de Jesucristo que mediante su vida y enseñanza ha demostrado que el sufrimiento, y aun la muerte, son un ingrediente indispensable del discipulado cristiano. Josif Ton es un líder cristiano rumano nacido en 1934, quien fue pastor de la Iglesia Bautista en Oradea, hoy un centro bautista de fama mundial. Después de cuatro años de pastorado fiel, Josif Ton provocó la curiosidad de las autoridades y en consecuencia fue arrestado e interrogado. Luego se le dio la oportunidad de salir del país y radicarse en los Estados Unidos, donde hizo estudios doctorales. Su tesis doctoral sobre 'Sufrimiento, martirio y recompensa en el cielo', fue reconocida por la Facultad Evangélica de Bélgica y más tarde fue publicada en un libro.

Durante el régimen opresivo de Nicolae Ceaucescu, en uno de sus sermones publicados Josif Ton se refirió a la amenaza de muerte que había recibido. Su respuesta fue: 'Señor, su arma suprema es matar. Mi arma suprema es morir'.

Alguien 'fiel hasta la muerte' fue Dietrich Bonhoeffer. Estuvo prisionero en el campo de concentración en Flossenburg. El domingo 8 de abril de 1945 condujo un breve servicio de adoración. Apenas había terminado la última plegaria cuando se abrió la puerta y entraron dos hombres de civil que le dijeron: 'Prisionero Bonhoeffer, prepárese para venir con nosotros'. Las palabras 'venir con nosotros' habían llegado a significar una sola cosa para los prisioneros: el patíbulo. 'Este es el final', dijo Bonhoeffer, 'y para mí es el comienzo de la vida'.[9]

Mortalidad

Hasta aquí hemos considerado cinco áreas en las cuales la muerte es el camino hacia la vida. Lo hemos visto en:

- la salvación (Cristo murió para que pudiéramos vivir),

- el discipulado (si hacemos morir las obras de la carne viviremos),

- la misión (la semilla debe morir para que pueda multiplicarse),

- la persecución (morir a fin de vivir) y

- en el martirio.

Sin embargo, en esta sección nos ocuparemos de la condición de mortalidad, de la muerte de nuestro cuerpo físico. Habiendo llegado por la gracia de Dios a los 88 años en el momento en el que escribo esto, mis lectores entenderán por qué he estado reflexionando tanto acerca de estas cosas. El final está a la vista. Me he sentido alentado por esta paradoja de la vida a través de la muerte. La muerte inspira terror en muchas personas. Es bien conocido el miedo de Woody Allen hacia la muerte. La concibe como la total aniquilación del ser y dice que 'su terror lo deja completamente pasmado'. 'No es que tenga miedo de morir,' bromea, 'solo no quiero estar allí cuando suceda'.[10]

Un caso similar es el de Ronald Dworkin QC, el filósofo norteamericano que se ha desempeñado en las universidades de Londres, Oxford, y Nueva York. Escribió:

> El horror principal de la muerte es el olvido, la aterradora muerte absoluta de la luz … La muerte triunfa no solo porque es el comienzo de la nada sino el final de todo…[11]

La muerte no representa horror alguno para los cristianos. Sin duda el proceso de morir puede ser desagradable y poco digno, y el deterioro que le sigue no es para nada atractivo. La Biblia lo reconoce cuando describe a la muerte como 'el último enemigo que será destruido' (1 Corintios 15.26). A la vez declaramos que 'Cristo Jesús, … destruyó la muerte' (2 Timoteo 1.10). Él mismo la venció mediante su resurrección, de modo que ya no tiene ningún poder sobre nosotros. Podemos exclamar con actitud desafiante:

> ¿Dónde está, oh muerte, tu victoria?
> ¿Dónde está, oh muerte, tu aguijón?
>
> 1 Corintios 15.55

Una cosa es la derrota de la muerte; otra es el don de la vida. Por la dificultad que encuentran para definir la vida eterna, los escritores del Nuevo Testamento tienden a usar lenguaje figurativo. El apóstol Juan, por ejemplo, dice que los que pertenecen a Dios tienen sus nombres registrados en el libro de la vida (Apocalipsis 3.5; 21.27), que pueden acceder libremente al árbol de la vida (Apocalipsis 2.7; 22.2), y beber cuando quieran del agua de vida (Apocalipsis 7.17; 21.6; 22.1, 17).

"Tal vez alguien pregunte: '¿Cómo resucitarán los muertos? ¿Con qué clase de cuerpo vendrán?'" (1 Corintios 15.35). La misma pregunta se plantea con frecuencia en la actualidad (una pregunta necia, según Pablo). Podemos responderla digiriendo nuestra atención al vínculo entre la semilla y su flor. Hay una continuidad esencial entre ambas (por ejemplo, la semilla de mostaza solo produce una planta de mostaza). Pero la discontinuidad es todavía más asombrosa. La semilla se ve desnuda y fea, mientras que su flor es colorida y hermosa. Así será con nuestro cuerpo resucitado. Preservará algún grado de continuidad con nuestro cuerpo actual, pero tendrá poderes nuevos que ahora no soñamos (1 Corintios 15.35–44).

Más aun, lo que es cierto del cuerpo de resurrección se aplicará de alguna manera al nuevo cielo y a la nueva tierra. Jesús la denominó una 'regeneración' (*palingenesia*, Mateo 19.28, RVR). El cuerpo será resucitado, el mundo será regenerado. Y así como habrá una combinación de continuidad y discontinuidad entre los dos cuerpos, seguramente lo habrá entre los dos mundos. La creación entera será liberada de su esclavitud al deterioro (Romanos 8.18–25). Estas expectativas grandiosas son parte de la vida eterna hacia la cual nos lleva la muerte. Esto es lo que se proclama en muchos cementerios y en muchas lápidas: *Mors janua vitae*, la muerte es la entrada a la vida.

Al reflexionar sobre la muerte, procurando prepararme para ella he regresado una y otra vez a lo que uno podría considerar como la filosofía de Pablo sobre la vida y la muerte:

> Porque para mí el vivir es Cristo y el morir es ganancia. Ahora bien, si seguir viviendo en este mundo representa para mí un trabajo fructífero, ¿qué escogeré? ¡No lo sé! Me siento presionado por dos posibilidades: deseo partir y estar con Cristo, que es muchísimo mejor.
>
> Filipenses 1.21–23

En una palabra, para Pablo la vida era Cristo. No podía imaginarse la vida sin él. Sin duda era lógico que quisiera morir, porque la muerte le traería ganancia, es decir, más de Cristo. Sin embargo, sabía que estaría por un tiempo más en este mundo porque le quedaba trabajo por hacer. Generalmente se considera peligroso desarrollar un argumento a partir de una analogía. Pero aquí Pablo parece darnos permiso para hacerlo. El principio es claro. Si para nosotros la vida es Cristo, entonces la muerte nos será ganancia. Y la vida venidera será mucho mejor que la vida en esta Tierra. Por ejemplo,

> Si adorar con el Pueblo de Dios produce tanta satisfacción en esta Tierra, la adoración con todos los cristianos en el cielo será aun más emocionante.

Si nuestro corazón arde en nuestro interior cada vez
que se nos revela la verdad en las Escrituras, conocer
toda la verdad será aun más conmovedor.

Si aquí nos moviliza la gloria de una puesta de sol,
¿cómo será la belleza del nuevo cielo
y la nueva Tierra?

Si ahora nos emociona la comunión transcultural, nos
regocijaremos muchísimo más cuando finalmente nos
reunamos con las enormes multitudes de toda raza,
lengua, pueblo y nación.

Si a veces hemos tenido la experiencia de 'regocijarnos
con un gozo indescriptible y llenos de gloria',
esperamos vivirlo con más frecuencia entonces cuando
ya no habrá llanto ni dolor.

Estas son solo muestras de la experiencia humana. En cada
caso resulta apropiado usar el comparativo 'muchísimo
mejor'. De hecho, cuando reflexionamos en la vida venidera,
el comparativo parece inadecuado, y resulta más apropiado
el superlativo. A esto se debe que, cada vez que reflexionemos sobre el futuro que nos espera, siempre podemos decir:
'Lo mejor está por venir'.

Resumiendo, en este capítulo hemos considerado seis
ámbitos en los que encontramos el paradójico principio de la
vida por medio de la muerte:

- salvación,

- discipulado,

- misión,

- persecución,

- martirio, y

- mortalidad.

En cada caso, debemos mantener ambos lados de la ecuación: muerte y vida.

Por un lado, no debemos subestimar la gloria de la vida que se nos ofrece con el evangelio: la vida eterna que nos pertenece por la fe en Cristo, o la vida en su máxima intensidad, aquella que alcanzamos cuando sentenciamos a muerte los deseos de nuestra naturaleza caída, o la vitalidad que podemos disfrutar en medio de la debilidad física y la mortalidad, o el fruto prometido a quienes son fieles en su misión, o el consuelo que recibimos en medio de la persecución o de la perspectiva del martirio, o sobre todo en la vida resucitada en la nueva creación. En todas estas formas Dios ha prometido que aquellos que mueran vivirán.

Por otro lado, tampoco debemos subestimar el costo de la muerte, que es lo único que nos lleva a la vida: la muerte al pecado, mediante nuestra identificación con Cristo; la muerte al yo, cuando seguimos a Cristo; la muerte a la ambición, en la misión **Si queremos vivir, debemos morir.** transcultural; la muerte a la seguridad, en la experiencia de la persecución o del martirio; y la muerte a este mundo, mientras nos preparamos para el destino final.

La muerte es desagradable y antinatural. En un sentido nos muestra una terrible condición definitiva. La muerte es el fin. Sin embargo, en cada una de aquellas situaciones, la muerte es el camino a la vida. Si queremos vivir, debemos morir. Y solo estaremos dispuestos a morir cuando reconozcamos la gloria de la vida a la cual la muerte conduce. Esta es la perspectiva cristiana radical y paradójica. Es acertado describir a las personas verdaderamente cristianas como 'vivos entre los muertos'.

Conclusión

Hemos considerado ocho características de aquellos que desean seguir a Jesús, y en conjunto componen mi pintura del discípulo radical.

Seguramente he sido selectivo, y mis elecciones han sido de alguna medida arbitrarias. Sin embargo, hay aspectos del discipulado que me gustaría ver en cada discípulo de Jesús y sin duda, en mí mismo.

Es probable que usted quiera armar su propia lista. Es de esperar que sea francamente bíblica, aunque sin duda también reflejará su cultura y su experiencia, y deseo que le vaya bien al escribirla.

La mejor manera de concluir es escuchar y prestar atención a las palabras de Jesús en el aposento alto:

Ustedes me llaman Maestro y Señor,
y dicen bien, porque lo soy.   Juan 13.13.

Es fundamental en nuestro discipulado que no solo estemos decididos a dirigirnos a Jesús con títulos honrosos sino que sigamos su enseñanza y obedezcamos sus mandatos.

Notas

1. Alice E. Mace (ed.): *The Birds Around Us*, Ortho Books, 1986. Del capítulo introductorio, por Roger Tory Peterson, titulado 'The Joy of Birds', pp. 19–20.

2. William Zinsser: 'A Field Guide to Roger Tory Peterson' en *Audubon* vol. 94, N° 6, p. 93.

3. Primera publicación en inglés en 1948, SCM.

[4] D. M. Lloyd-Jones: *Romans 6: The New Man*, Banner of Truth, 1992, su comentario sobre el versículo 19, p. 264.

[5] Douglas Webster: *Yes to Mission*, SCM, 1966, pp. 101–102.

[6] *Operation World* estima la cifra de 69,2 millones de miembros de la iglesia cristiana en China, aunque agrega que no hay estadísticas precisas disponibles. Ver Patrick Johnstone y Jason Mandryk: *Operation World*, Paternoster, 2001, p. 160. (Hay traducción al español: *Operación Mundo*).

[7] Tony Lambert: *The Resurrection of the Chinese Church*, Hodder, 1991, pp. 174 y 267.

[8] Paul Marshall con Lela Gilbert: *Their Blood Cries Out*, W. Publishing Group, Thomas Nelson, 1997, p. 8.

[9] Dietrich Bonhoeffer, en el prólogo a *Letters and Papers from Prison* (Fontana, 1959), p. 11.

[10] De un artículo en *Esquire*, 1977. Y en Graham McCann: *Woody Allen, New Yorker*, Polity Press, 1990, pp. 43 y 83.

[11] Ronald Dworkin: *Life's Dominion*, HarperCollins, 1993, p. 199.

Epílogo: ¡Adiós!

Mientras dejo a un lado mi lapicera por última vez (literalmente, porque confieso que no me he adherido a la computadora) a la edad de 88 años, me aventuro a enviar este mensaje de despedida a mis lectores. Estoy agradecido por su estímulo, porque muchos de ustedes me han escrito.

Mirando hacia adelante, ninguno de nosotros sabe cuál puede ser el futuro de la imprenta y de las publicaciones. Por mi parte, tengo la confianza de que el futuro de los libros está asegurado y que, aunque se los complemente, nunca serán reemplazados por completo. Hay algo singular respecto a los libros. Nuestros libros favoritos se vuelven preciosos para nosotros, y desarrollamos con ellos una relación casi personal y afectiva. ¿Es del todo fantasioso decir que los tomamos, los acariciamos, y hasta los olemos como señal de nuestra estima y cariño? No me refiero solamente al sentimiento de un autor por lo que ha escrito, sino a todos los lectores y su biblioteca. Me hice la regla de no citar ningún libro a menos que yo lo hubiera investigado antes. Por eso los animo a que sigan leyendo y a que alienten a sus parientes y a sus amigos a hacerlo. Este es un medio de gracia muy descuidado.

Quizás los lectores quieran saber que he incluido en mi testamento a un pequeño grupo de albaceas literarios presididos por Frank Entwistle, quienes están dispuestos con toda amabilidad a ocuparse de cualquier asunto que se presente en relación a mis libros. Un ejemplar de cada libro, además de uno de aquellos en los que hice alguna contribución, y todos mis trabajos escritos serán guardados en custodia en la biblioteca de Lambeth Palace, por un acuerdo generoso con el doctor Richard Palmer, bibliotecario y archivista, quien se ha ofrecido amablemente a mantenerlos a disposición de los investigadores. La dirección de mi oficina continuará siendo 12 Weymouth St., Londres wc1w 5by, y será supervisada por Frances Whitehead, la inimitable e infatigable.

¡Una vez más, adiós!

John Stott

El libro de Romanos encierra las más hermosas verdades bíblicas. John Stott las comparte con sabiduría y profundidad.

El propósito de Dios es crear a través de Jesucristo una nueva humanidad.

Un comentario basado en el libro de los Hechos, que expone el texto bíblico con fidelidad y lo relaciona con la vida contemporánea.

La presentación más completa de la vida en el Reino de Dios.

Un manual que le permitirá disfrutar de la lectura bíblica de una manera dinámica y profunda.

La Biblia nos presenta la misión de Dios a través del Pueblo de Dios en su relación con el mundo para el bien de toda su creación.

La integridad transforma el trabajo de los líderes, fortalece a las iglesias y las organizaciones, y respalda nuestro testimonio cristiano.

Pensado para aquellos que desean estudiar la Biblia de una forma profunda y responsable.